国産材でつくる

インパクトドライバー木工

木材・道具の基礎から家具づくりまで

Masanobu Ohuchi
大内正伸

農文協

私の木工作例集 MASA NOBU

本棚やテーブルのある囲炉裏暖炉の部屋

木工作品に囲まれた仕事机周り

本棚は漆喰壁上部にある嵌め殺しのピクチャーウィンドウを意識して、大きさや高さが取られている

テーブル脚付け根の細部。L型金物の三角形のビス位置を避けるよう幕板からのビス2本が打たれている

本棚（p.120）

ここを耳という

菱形テーブル（p.96）

天板のトチノキは床の間に使った一枚板の端切れ。菱形をあえてそのまま使う。幕板から互い違いに脚を出すことで「斜め感」が弱まり、安定して見える

耳付き板に、皮付き枝！自然の造形をインテリアに取り込んでしまうのだ〜

元は薪用に貰った枝なのだが

厨子の台座（p.108）

台座裏面。天板は30mm厚スギ低温乾燥材。幕板はスギ上小節の鴨居材を利用。後脚は間柱材を井桁にホゾ組みし、壁にビス止め

燃やさなくてヨカッタ！

井桁組みの交点にヤマザクラの枝を（芯）金属ピンで接合する

上には屋久杉の厨子。それなりの風格と祭壇としての象徴性を出すため、井桁組の幕板と皮付きヤマザクラの枝で脚をつくる

丸テーブル(p.95)

← 元はちゃぶ台

アイランドテーブル(p.103)

廃品のパーティクルボードを利用し、片側は壁付け、もう片側はブロック積みとし、スギ・ヒノキの中脚2列で支持。下部に「無印良品」のゴミ箱2個を組み込んでいる

後から天板裏にリモコンボックスと雑巾掛けを、上部奥に棚を付けた

雑巾掛けの金属棒はオイル缶の取っ手を外して伸ばしたもの

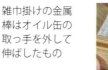

木っ端に溝切りをして棒を納め、太めの下穴をあけ、リモコンボックスにビス止めする

30mm厚のスギ・フローリング材のさね凹部を柱に利用。ビスは先端を出しておき、柱を刺しておいてから本打ちするとズレない

もったいないから何でも再利用！
不自然素材を逆手にとれ！

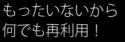

裁縫テーブル (p.99)

二つの収納箱に集成材の天板を載せたテーブル。右奥「無印良品」のナラ材テーブルに高さを揃え、丸柱や階段の壁・笠木との関係を意識して寸法を決めている

これを笠木という（素材はスギ・上小節）

山から運んだヒノキ丸太

購入したのは天板だけ！
あとは安い足場板と下地板で、節や木目を楽しむ！

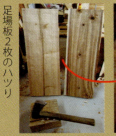

足場板2枚のハツリ

ダボで接着

奥側の箱は背面が見えないので12mmバラ板を使用

節だらけの

収納箱パーツ表面

収納箱パーツ裏面

だから塗装なんて必要ない

収納箱の組み立て

木を置くことで無節の木が美しく見える

ナタ割りの額（p.9）

壁付け違い棚（p.114）

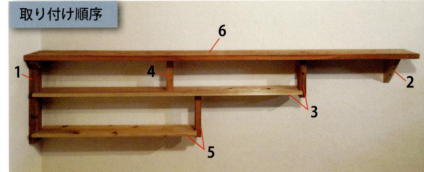

欠き込みと棚板の取り付け

取り付け順序

①
コーナーの支点、取り付けは水平と直角を正確に

②

③
天板を仮置きして水平を見る

④
順序を間違えると吊り柱が打てなくなる

⑤
支点の埋め木処理

飾り棚でお家がカフェになる！
これ全部、家づくりで出た残材

3本脚のスツール（p.112）

子どもイス／焦げ茶（友人製作）

銘木テーブル（p.97）

子どもイス（p.111）

とにかくつくってみる！
気に入らなかったらバラして
つくりなおせばいいのだ～

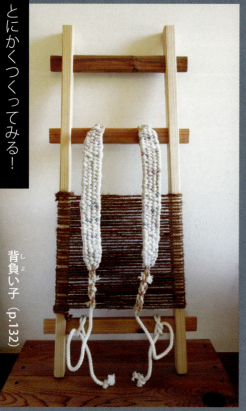

背負い子（p.132）

1本脚の仕事机（p.101）

使い方次第で外材も悪くない

色と木目の組み合わせが

音を奏でる

トイレットペーパー・ホルダー（p.130）

ミニテーブルと鍋台（p.93）

3本脚のミニテーブルは階段板の端切れ、緻密な天然スギ材を使用。鍋台は30mm厚フローリングの残材で、尾鷲杉の低温乾燥材である（どちらも蜜蝋ワックス仕上げ）。ミニテーブルは埋め木処理、鍋台は黒ビスを装飾的に見せている

（p.129）

定規掛け、電磁波よけ小箱、書見台、パソコン周りの小物たち

サイドテーブル（p.98）

15mm厚のスギ・フローリング材の2枚はぎを天板に、バラ板や垂木材など規格サイズをそのまま使ったベッドルーム用のテーブル。材料をノコで切れば、後はインパクトドライバーであっという間に完成する

古材・廃材もハツってひと皮剥けば真新しい木肌が現われる。クギ穴やハツリ痕を味わいとして活かすと新鮮だ

日用品ができていく愉しみ！ 温かで、使えば深みを増していく無垢の木に、囲まれるシアワセ！

ヤマザクラの枝・丸太から彫り出したバターナイフ、カッティングボード、木さじ。カッティングボード表面は丸刀による仕上げ

キャスター付き本箱（p.128）

フロアーライト (p.124)

ブラケットライト (p.125)

スギと和紙による壁付けの間接照明

ベッドルームの読書灯としても最適

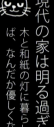

現代の家は明る過ぎる！木と和紙の灯に暮らしてみれば、なんだか優しくなれる

スギの小丸太、ステンレス線、和紙による小さな灯り。スギのフローリングが映える

照明器具は自作すれば実に安い値段でつくれる。木と竹、和紙と針金、そしてビス打ちを工夫すれば、さまざまなバリエーションが展開できるだろう

電灯傘 (p.126)

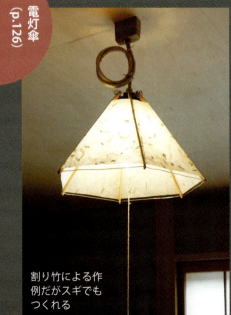

割り竹による作例だがスギでもつくれる

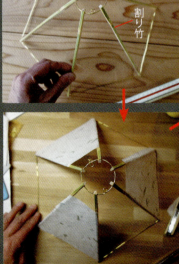

真鍮線
割り竹

和紙は間を空けて2回に分けて貼る

引きひもに竹片を取り付ける

はじめに

　香川県高松市郊外に新築したアトリエ兼住居は、構造材や床などのほとんどが国産のスギ・ヒノキ材でつくられている。そんな木々に囲まれる暮らしも丸３年が過ぎた。毎日ここで暮らしていると感じなくなってしまうのだが、来客はいまだに「木の匂いがいいですね」と言ってくれる。

　家具もまた、多くはスギ・ヒノキでつくられている。材料はこの家の建築工事で出た残材である。工務店に「工事中に出る端切れなどは薪にするから全部残して」と伝えておいたのだが、残った材は薪になるどころではないのだ。たとえばフローリング材などはロットで購入するために、残材がけっこう出る。また、木材は工業製品のように均質ではないので、少し多めに仕入れて節や曲がりの多い材を選っていくのである。結果、かなりの量のスギ・ヒノキ材が残った。その材で自ら家具類をDIYしたのだ。

　群馬の山に住んでいたときは、家の敷地にスギ・ヒノキ林があり、その間伐材の丸太から自家製材して使うことをよくやっていた。今回はすでに製材された板や角材を使うので精度の高い工作ができた。現在の住まいは森から離れてはいるが、以前の経験からスギ・ヒノキの家具の向こうに私は森を見ることができる。

　それは不思議な気分であり、同時に「スギ・ヒノキはなんてすごい、すばらしい素材なんだろう」とつくづく思うのだ。その思いはDIYの経験を積むごとに深まっていく。そして、いま日本の山には膨大な量のスギ・ヒノキ材があるのに、建材として使われずそのまま燃料にされてしまう木もあるという現実に、「なんともったいないことをしているんだろう……」とつぶやいてしまう。

　家の工事中は何度も現場に通って、大工さんや他の職人さんたちの動きを観察した。目を見張ったのは彼らのインパクトドライバーの使い方とその威力であった。コードレスで、コンパクトなのにパワーがあり、ビットの脱着もワンタッチで実に使いやすそうだった。工事の後半で、私もインパクトドライバーを借りて六角形の囲炉裏を組んだ。広葉樹の硬いタモ材だったがなんなく完成した。

　山暮らしではDIY用のドライバードリルを使っていたが、引っ越しで処分したので、私も早速インパクトドライバー買い、家具づくりを始めた（建築費のコストダウンのためでもあり、急務であった）。使い始めて驚いたのは、パワーがありすぎて、あっという間にビス頭が材にめり込んでいくことだった。

たとえば硬い節にビスが当たるとふつうのドライバードリルではトルク不足になることもあったが、このインパクトドライバーに「不可能はない」という感じだった。むしろビスの頭をなめてしまったり（十字の溝が掘れてしまうこと）、ビスがねじ切れて折れてしまうこともあるほどなのだ。また、バッテリーが長もちするのにも感心した。プロが信頼して使うわけである。

　こうしてインパクトドライバーに慣れていくと、何でもつくれそうな気がしてくる。それはスギ・ヒノキ材が軽くて加工しやすく、素人でも思い通りに切断でき、ノミなどによる掘りや切り欠きがやりやすいからでもある。そして、切り欠きとビス打ちを組み合わせると、強固な接合ができる。昔は高度なホゾ組みでしかできなかった接合が、インパクトドライバーで可能になるのだ。

　スギ・ヒノキは木肌や木目もきわめて美しく、それぞれの匂いもまたいい。だから塗装をする必要がなく、むしろ化学的なものを塗布するのはもったいない。そのまま拭き込むことでツヤが出てくるし、傷や汚れも拭き込むことで味わいが増す。

　「インパクトドライバーの威力＋加工しやすい素材＋塗装不要」の結果として、直感的に、驚くほど早く作品ができてしまう。このスピード感は新たなデザインを導いていく。

　私のような事情でなくとも、いまホームセンターに行けば建材としてのスギ・ヒノキが大量に出回っており、ネットでもさまざまな規格品が安く簡単に手に入る。また、山林を所有されている方や、森林ボランティアなどで山に出入りしている方々は、スギ・ヒノキの丸太が簡単に入手できるだろう。

　日本のお家芸でもあるインパクトドライバーは、年々高性能かつ安価なものが出始めている。すばらしい素材と道具が、いま目の前にある。私たちは新しい時代にいる――「木工新時代」の幕開けである。

　ただし素材を活かすためには、やはりデザインも重要だし、細部の納まりにも細心の注意を払う必要がある。そして、ノコ・ノミ・カンナなどの手技もある程度必要である。本書では私の作例を紹介しながら、国産材の魅力とそんな DIY のコツを図解でお伝えしたい。

2018 年　大内正伸

もくじ

はじめに 1

1章　私が国産スギ・ヒノキ材にこだわる理由(ワケ)
　　　　　──こんなスゴい木材、どこにもない！ 7

　クサビで割れるスギ・ヒノキ丸太　8
　木肌、木目の魅力　8
　細かな切削、接合にも十分耐える　9
　「背負い子」をつくってみた　10
　軽さと強さが共存　10
　根曲がりスギの高貴な香り、木目を活かした杉戸絵　11
　スギは日本の固有種　12
　ヒノキ丸太柱を自ら刻んだ自宅　13
　千年の風雪に耐える木　13
　15年経ってもプンと匂いたつ香りがある　14
　スギ・ヒノキの規格材で創作家具　14
　広葉樹の高級家具 vs 疑似木家具、という二極化　15
　節を活かし温もりをもった木工家具をつくる　16
　IKEA・MUJIのデザイン性　17
　国産材は安全で安心　18
　無垢材は拭き込むことでエージング　18
　膨大な量があるスギ・ヒノキ材　20
　　○**コラム**／外材と国産材の仕様・単価比較　22

2章　さまざまある規格材から木取りする
　　　　　──材料の性質と選び方　23

1 木材の性質と木取り　24

　木の方向と割裂性　24　　木目と節　25　　赤身（心材）と白太（辺材）の使い分け　26　　木材の割れと反り　27　　KD材よりAD材、グリーン材は乾燥させて使う　28　　木表と木裏、その表情と使い方　29　　木目を活かす、柾目と板目　29　　柱や脚部の元と末、板目の方向、その表情と使い方　30　　節は避けるだけでなく、活かしても面白い　31　　木目を読んで逆目(さかめ)を回避する　31

2 規格サイズから発想する　32

　建材の規格を利用する　32　　仕上げ（表面）の違い　32　　規格材の

組み合わせで形が生まれる 34　　安くて分厚い足場板を活用 35
間柱材(まばしら)のサイズ 36　　国産材の等級と化粧材 36
これから注目の三層材──Jパネル 37
　○**コラム**／スギ・ヒノキ以外の国産材や外材について 38

3章　国産材を活かすインパクトドライバー
──より進化した強力アイテム　39

1 インパクトドライバーとは──木工作を劇的に変える工具　40
今はビス打ちが主流 40　　ドライバードリルの使いよさと限界 40　　さらに進化したインパクトドライバー 42　　試しに使ってみると…… 43　　ハードケースまで便利 43　　一充電でビス460本──リチウムイオンバッテリー 44　　強力なトルクと、初心者でも使える調整機能 44　　狭いところでも高い作業性 45　　さまざまなビットを使いこなす 46

2 ビス打ちの基本動作　47
ビスの選択と下穴 47　　皿取りで仕上げをきれいに 47　　よく効くビス打ちの基本 48　　座掘りで深打ち、ダボ埋め 49　　斜めに打つ方法 49　　ビスを抜くときの注意 50　　ビス打ち全体の流れ（まとめ）50

3 ビスの種類と使い分け　52
電動工具専用のビス「コーススレッド」52　　半ネジと全ネジを使い分ける 52　　下穴不要でも打てるスリムビス 53　　黒ビスで頭を意匠的に見せる 53　　頭の断面の違い「ラッパ」と「フレキ」54　　万能ビス（内装ビス）54　　丸頭(まるあたま)のビス 54

4 ビットの種類と使い分け　55
もっともよく使う2番プラスビット 55　　ドライバービットは消耗品 55　　ビットの長さ 56　　プラスビットの相棒、下穴用のドリルビット 56　　ビス頭をつぶしたりビスが折れたときの対処法 56　　ビス頭を美しく隠す「埋め木（共木）錐」57
　○**コラム**／ビスとクギの使い分け──クギはどんなときに使うのか？　58

4章　インパクトドライバーとともに使いたい道具
──使い方の基本とコツ、刃の研ぎ方ほか　59

1 墨付けのための道具　60
メジャー類 60　　直線定規（直尺）60　　差(さ)し金(がね)（指矩）60

　　　　スコヤ（square）61　　墨つぼ 62　　ケビキ（罫引き）63

2 割り・ハツリの道具 64
　　　クサビ（楔）64　　ナタ・オノ（ヨキ）（鉈・斧）65　　チョウナ（釿）66
　　　臼くりチョウナ 67

3 ノコギリとその使い方 68
　　　替え刃式ノコが便利 68　　縦挽きと横挽き 68　　アサリのあるなし 68
　　　手ノコで正確に切るコツ 69　　補助器具を使って切る（ノコ引き定規ほか）70
　　　墨線のどちら側を切るか？ 70

4 電動ノコギリ（丸ノコ）の使い方 71
　　　作業台をつくる 71　　ベースの角度と深さをチェック 71　　コンセントは切
　　　る直前に差し込む 72　　服装にも注意 72　　キックバックに注意する 72
　　　合板でつくる丸ノコ定規 74　　長い材のときは息継ぎを 74

5 削るための道具 75
　　　カンナ（鉋）75　　ノミ（鑿）78　　切り出し小刀 80

6 叩くための道具 81
　　　カナヅチ・ゲンノウ（金槌・玄翁）81　　クギ抜きとバール 82

7 その他の道具
　　　水準器 83　　接着剤 83　　ダボとマーキングピン 83
　　　○**コラム**／刃物の基本的な研ぎ方、砥石の選び方 84

5章　国産材でつくる木工の実際
　　　　　　──規格材で木目やテクスチャーを活かす作例集 87

1 図面・パースを描く 88
　　　立体スケッチ（イメージパース）を描く 88　　図面起こしの基本、投影図法と
　　　三角スケール 89　　定規、筆記用具の使い方 90　　線、寸法線の取り決め 91
　　　数量（部材の長さ・本数等）を出す 91

2 テーブルをつくる 92
　　　インパクト木工の基本──欠き込みとビス止めでホゾ組みの効果 92
　　　作例1／ミニテーブル 93
　　　鍋台をつくる 94

作例2／大テーブル　95
　　　1. 丸テーブル　95　　2. 菱形テーブル　96
　　作例3／板脚のテーブル　97
　　　1. 銘木テーブル　97　　2. サイドテーブル　98
　　作例4／裁縫テーブル　99
　　作例5／壁付けのテーブル　101
　　　1.1 本脚の仕事机　101
　　　2. ブロック利用のテーブル　103
　　　　アイランドテーブル後付け①／格子脚の棚　105
　　　　アイランドテーブル後付け②／リモコンボックス　105
　　作例6／間柱脚の作業台　106
　　作例7／厨子の台座　108

3 イスをつくる　110
　　作例1／子どもイス　111
　　作例2／3本脚のスツール　112

4 棚と本棚をつくる　113
　　作例1／壁付け違い棚　114
　　作例2／自立する棚　116
　　作例3／吊り棚　118
　　作例4／フローリング材と足場板の本棚　120

5 照明器具をつくる　123
　　作例1／丸太と和紙のフロアーライト　124
　　作例2／板と和紙のブラケットライト　125
　　作例3／竹と和紙の電灯傘　126

6 生活雑貨と道具をつくる　127
　　作例1／キャスター付き本箱　128
　　作例2／書見台・電磁波よけ・定規掛け　129
　　作例3／トイレットペーパー・ホルダー　130
　　作例4／スギでつくる背負い子　132
　　　肩ひもをつくる　134
　　作例5／臼をつくる　135
　　　石臼の仮台座　136
　　作例6／杵をつくる　137

イラスト・図版・写真：大内正伸
DTPレイアウト：Tortoise + Lotus Studio

1章 私が国産スギ・ヒノキ材にこだわる理由(ワケ)

―― こんなスゴい木材、どこにもない!

いま日本の山にあふれているスギ。花粉症のおかげですっかり悪もの扱いだが、実はこれほどすばらしい木は世界にも珍しい。軽くて加工しやすく丈夫で、しかも木目が美しく、いまでは値段も安い……。私は山暮らし時代からスギに囲まれて暮らし、ブログなどで発信してきたが、まだ多くの人がその魅力を知らないでいる。スギの真の実力を、兄弟分のヒノキとともに語ってみよう。

つくるならインパクトドライバーは必須だよ。

Chapter 1

クサビで割れるスギ・ヒノキ丸太

　木工の本だというのにのっけから丸太の話で恐縮だが、私のスギ、ヒノキへのこだわりを語るには、丸太材との出会いから始めなければならない。

　田舎に住んでいるとスギやヒノキの丸太は案外簡単に手に入る。昔、いわゆる戦後の拡大造林時に「お金になるから」と植えたものの材価の低迷で手入れが放置され、商品価値のない曲がりや節だらけの丸太が、山に捨てられていたりするからである。「自分で運ぶならタダで持って行っていいよ」などと声をかけられることも多い。貰ったそれは長さ30〜40cmほどに玉切って、ナタで割って薪にしてもいいが、スギやヒノキは割裂性が高く、クサビを使うともっと長い状態で半割りにすることができる（やり方は19ページ上図）。

　実は、昔の山村ではスギやヒノキは薪にする木ではなかった。薪は主に広葉樹の雑木を使ったのだ。そのほうが火保ちがよく、雑木ならその後植林しなくても、ひこばえで森を再生できるからである。一方スギやヒノキは薪にすると爆ぜやすく、燃え尽きるのが早い。反面、幹が通直（まっすぐな状態をいう）なので、

★1 一般に鉄製のもの（下図）を使うが、カシなどの硬い木で自作してもよい。詳しくは64ページ参照

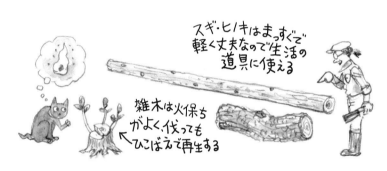

細くてもさまざまな道具に使える。たとえば、杭や足場丸太などである。燃やしてしまうのにはもったいないのである。そんなことも知らず、以前、山に住み始めた当初、私は貰ったスギ・ヒノキを片っ端から薪にしていた。

木肌、木目の魅力

　ところが割った薪のなかには、とても燃やすのは惜しいような、美しい木目や木肌のものがあった。思わずそれでクラフトを始めてしまうこともよくあった。曲がりや面白い木目、節を活かし、ペーパーナイフや木のスプーン、フォークをつくった。ちょっとだけ加工してコースターや木皿にしてもいい。

　丸太が半割りになるだけで、素材として創作意欲をかきたてられるものである。とくにスギは「心材」が赤く、「辺材」が白くて、その対比が美しい。半割りにすることで、心材の赤色がもっとも大きな面積で現われる。また心材は匂いがいいので、割ったとたんにスギ特有の芳香がする。

★2 しんざい・へんざい／木材の部位。26ページ参照

スギ材はナタでふつうに割るだけで断面に凹凸の筋が現われる。「夏目」と「冬目」の硬さの差が大きいためである。江戸時代の仏師円空は、この筋を造形的に利用して仏像を彫った。

私はその円空仏にヒントを得て、ナタ割りの筋をあえて見せた額をつくったことがある。四隅の処理（下図の丸点線内）には精度が要求されるので、材料だけ用意して木工家にお願いしたのだが、初めての個展で用いたその額は、中の絵ともマッチして好評を博した。

★3 どちらも木目のことで、夏にできるのを夏目、冬にできる木目を冬目という。26ページ参照

細かな切削、接合にも十分耐える

木工家はその額の45度の合わせ目に、精度の要求される伝統的な仕口「引き込み留め接ぎ」を使ったのである。割って出た木肌の荒々しい面と、留め接ぎのシャープな処理との対比が鮮やかだった。スギ・ヒノキの間伐材丸太からの木工というと、ベンチや植木鉢といったラフなものをイメージするが、細かい加工ができないわけでは決してないのだ。きちんと乾燥し、木目や節を考慮して木取りすれば、繊細な仕口・継手で加工することも可能なのである。

私も丸太を加工して木工を始めたばかりの頃、スギ丸太から取り出した厚板を使って、合いじゃくりと蟻ホゾで組み合わせ、鍋

★4 木材を切り欠いて部材を接合すること。同一方向につなぐものを「継手」、異なる方向につなぐものを「仕口」と呼ぶ

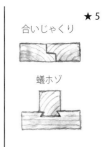
★5 合いじゃくり／蟻ホゾ

正面だけ割り面を残している／引き込み留め接ぎで仕上げた45度の合わせ目

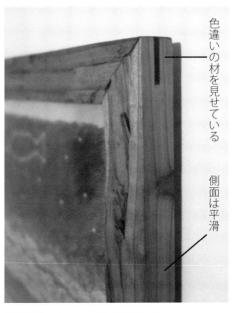

色違いの材を見せている／側面は平滑

スギのナタ割り材の額。正面だけ割り面を残し、側面と背面は平滑にカンナで仕上げてある。角の接合部は色違いの材を見せた「引き込み留め接ぎ」

1章　国産スギ・ヒノキ材はすごい　9

ぶたや風呂のふたをつくったことがある。一見軟らかそうに見えて、細かな切削と接合にも十分耐えうることに感動したものである。

「背負い子」をつくってみた

つい最近だが、必要に迫られ薪などを背負って運ぶ道具「背負い子」をつくった（作例は132ページ）。背負い子の素材はいろいろあるが、背負うのだから軽いほうがよい。私はスギの25mm×35mmの角材を使って、三分（9mm）のホゾで組んでみた。

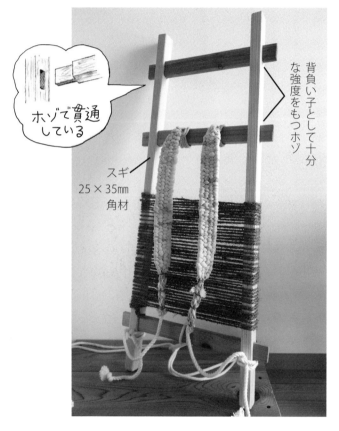

ホゾで貫通している

スギ 25×35mm 角材

背負い子として十分な強度をもつホゾ

左がその完成写真だが、ホゾを削っていると改めてスギの特徴がよくわかる。木目（繊維）の方向にはサクサクと実に簡単に削れるのに、穴を繊維に直角に切ろうとするとノミは非常に使いづらい。スギの木目は軟らかい部分（夏目）と硬い部分（冬目）がはっきり分かれており（26ページ中図参照）、ノミへの負荷が極端に違うのだ。

9mmのホゾは、削っているときは頼りなさそうだったのに、組んでみるとびくともしないような強さでキリリと納まった。あれほど軽くサクサクと削りやすいのに、一方ではホゾ組みに耐えるほどの強度がある。考えてみればこれはすごいことである。

軽さと強さが共存

そのスギの強度の秘密は、冬目にある。木目の濃い色の部分で、ここは成長が鈍る冬の木目だ。スギ材の全体は軟らかいのに、ここだけは非常に硬い。いうなれば軟らかなスギ材に仕込まれた、背骨・リブになっている。スギは湿潤な土壌を好む木だが、夏目の成長にその水分が大きく寄与していることは想像に難くな

い。つまりスギという木は、日本の豊潤な水と、四季の夏と冬との激しい落差が、その特徴（軽さと強さが共存する）を生み出している。

この特徴を活かした工芸的加工法がある。特殊な道具「浮造り★6」でスギ板を摩耗させて夏目を削り、冬目を浮き立たせる仕上げである。木目がくっきりと浮かび上がるだけでなく、ツヤが増して、材も堅く締まる。堅い部分が残ることからキズも付きにくい。浮造りは工芸材料としてだけでなく、壁材や床材など建築材料にも使われている。

★6 刈萱（かるかや）の根を麻ひもで束ねた道具

根曲がりスギの高貴な香り、木目を活かした杉戸絵

東京の西多摩で森林ボランティアをやっていた頃、スギやヒノキ材を使った彫刻・彩色の看板を頼まれたことが何度かある。材料は依頼主がもってきてくれ、その形や厚み、木目などを見ながらデザインを考える。あるときスギの根元の根曲がり部（ここは建材として使われない）の厚板で宿舎の看板を頼まれた。アイデアがまとまるまでその板を仕事机の下に転がしておいた。すると、ときおり足下から馥郁たる香りがする。ふつうのスギもいい香りがするが、より甘く高貴な香りなのだ。後で知ったが、それは秋田杉と同じ香りだった。またヒノキを使ったときは、彫り始めるとヒノキの匂いが部屋中に立ちこめて、やはり感動させられたものである。ところが販売されている外材にはこのような香りというのがほとんど感じられない。それどころか、防腐剤のケミカル臭が鼻につくことさえある。

◆スギに彫りと彩色を施した刻字看板

木目のはっきりしたスギは、上から絵を描いて彩色しても面白い効果がある。ベースの木目模様を意識して絵の中に取り込むのだ。昔の神社仏閣や書院のような建物には、スギの一枚板を戸板に使いそこに直接絵を描く「杉戸絵」というものが多く存在する。木目を曖昧な背景として取り込むことで、深みと奥行きが、

そして幽玄な感じが出る。大径木から一枚板を採りやすかったという側面もあろうが、肌が滑らかで筆が乗りやすいのもスギの特性なのである。

スギは日本の固有種

ざっと見ても以上のような魅力をもったスギ材だが、今日、花粉症のおかげでスギほど嫌われている木もなかろう。しかしこのスギは、「一種一属」の日本固有種だと言ったらどうだろう。学名は「*Cryptomeria japonica*（クリプトメリア・ヤポニカ）」といい、「日本の・隠された財産」という意味である。世界にはヒマラヤスギとかレバノンスギなど「スギ」の名のつく樹木があるがいずれもマツの仲間で、その材質はスギとはほど遠い。

先に述べたスギの材質は、実は世界的に見てもきわめて特徴的で優れたものなのである。かつてヨーロッパの宣教師が日本にやって来たとき、この木がある国土を非常に羨ましがったという。また幕末に日本を訪れたシーボルトは、著書『日本の植物誌（フロラ・ヤポニカ）』のなかでスギにもっとも長いページを割き、その特徴を実に的確に描いている。

日本のスギの木材は非常に軽く、軟らかで木目も細かく、二色の色合いを持ち、すなわち幹の内側が赤みを帯び外側は白い。時には木材の内側が明るい赤褐色になる。年輪は幅が四分の一から一センチである。入念に鉋をかけた材木は絹のような光沢があり、軽く木目が細かいにもかかわらず、外気や湿気には強い。（『シーボルト 日本の植物』監修・解説／大場秀章、訳／瀬倉正克、八坂書房 1996, 233p）

古代文明の時代に南ヨーロッパの山々は木を伐り尽くされてしまったが、同書によればシーボルトはそこにスギを植えて緑化することさえ夢見ていたようだ。

もちろん日本でも江戸時代から「スギ・ヒノキに勝る木はなし」と、この材のよさを見抜いていた。わが国最古の農書『農業全書』（宮崎安貞）にも、「屋敷周りや山林だけでなく余った敷地には残さずこれらの木を植えておくべきだ[7]」とその奨励が書かれている。

[7] 『農業全書』巻之九 諸木之類／杉／第二（岩波文庫、1936）

ヒノキ丸太柱を自ら刻んだ自宅

一方、ヒノキはまたスギと違ったすばらしい魅力をもっている。

私は2015年に自宅兼アトリエを建てたのだが（詳細は拙著『囲炉裏暖炉のある家づくり』参照）、その家に自分で山から運んできたヒノキの丸太柱を象徴的に使った（全4本のうち3本は構造材としても機能している）。そのヒノキは香川県東部の山間部の棚田に植えられていたもので、土木工事のために伐られたのだが、径が少し細いうえに曲がりや節が多く、売り物にはならないというので地面に横たわったまま放置されていたのである。そのなかに、通直で丸太柱に使えそうなサイズのものがあったので、それを、声をかけて貰ってきたのだ。

現地で皮をむき、1.5トンのトラックをレンタルして敷地に運んだ。そして屋根のある風通しのよい場所で乾燥を進め、皮の残りをきれいに取った。

★8 木に穴をあけて食害する小型甲虫類。樹皮に産卵、幼虫は辺材部を食べて育ち、木の中で蛹化する

すでに穿孔性害虫★8（おそらくカミキリムシの幼虫と思われる）の小穴が多数入ったものは、白太の部分（辺材部）をヨキでハツって穴を幼虫ごと取り、その刻みのテクスチャーを活かして和室の床柱に使うことを思いついた。

そうして、工務店とプレカット工場に設計寸法とホゾの方向やサイズを教えてもらい、自ら刻みを入れて棟上げに臨んだのである。古民家の改装ならまだしも、新築で施主自らこんなことをやったのは前代未聞だと思うが、私としてはこのような素材が余っているのに、使われない現実に一石を投じるとともに、自分の家に新たなストーリーを与えてみたいと思った。

リビングの丸太柱は構造材としても機能している

一般に銘木柱は節や枝を嫌うものだが、ヒノキに関しては「出節丸太」というアイテムがあるくらいで、出来上がってみると節のある丸太の存在感は強烈で、予想以上に空間を引き締め豊かにしてくれた。

千年の風雪に耐える木

ヒノキといえば、スギほどの軽さはないが、その耐久性は千年の風雪に耐えることが知られている。日本書記のスサノオ神話のくだりに「檜は瑞宮（神社）に

使え」とあるように、昔の人はヒノキが強く長もちすることを知っていたわけである。奈良の法隆寺や薬師寺の東塔が1300年も保っているのは、ヒノキでつくられているからだ。ちなみに当時はノコギリがまだなかったため、これらの材は丸太からクサビで割ってオノで削り出したものである。

　ヒノキは福島県が北限とされ、南限は台湾である。ところが同じ緯度でありながら中国にもヨーロッパにもアメリカにもヒノキは存在しない。スギの一属一種ほどではないが、やはり日本固有の木といっていいだろう。

　木肌は緻密で美しく、住宅建築では和室の化粧柱として多用されてきた。また、抗菌作用のある物質が多く含まれており、ヒノキの赤身はシロアリを寄せ付けないので土台としても使われる。ヒノキは伐り倒してから200年ぐらいは強さが増し、それからゆっくり弱まっていくといわれている。

15年経ってもプンと匂いたつ香りがある

　またよく知られるのが、ヒノキの独特の芳香で、日本人の誰もが好む匂いであろう。木目はスギほどはっきりはしていないが、木肌のきめ細かさは際立っている。とくに白地に浮かぶ淡い桜色の赤味は、清冽な美しさを感じさせる。

　私はかつて九州の木工家に地場のヒノキで紙芝居のフレームをつくってもらったことがある（右図）。さすがヒノキというべきか、モダンな感じにデザインしたつもりが、出来上がったものは何か神聖な感じがして、「神棚」を連想させるものになったが、驚くのがその香りである。フレームを格納している箱から取り出すたびに、いまだに——

折り畳める

もう15年以上も経っているというのに！——ヒノキの香りがぷんとするのである。これはスギにもないヒノキならではの特質である。

スギ・ヒノキの規格材で創作家具

　私は自宅兼アトリエを、国産材のスギ・ヒノキを用いて、合板などはできるだけ使わないようにつくった。そこで出る端材や余りの木材はすべて残してもらう

ように工務店と大工に伝えておき、完成後そのスギ・ヒノキ類の端材を用いて、自ら家具や照明器具、小物など、生活に必要なものをつくっていった。

　日本の軸組工法の家づくりでは、柱、間柱、梁、下地材、窓枠材、垂木、フローリング材など断面サイズの違う規格材が多数ある。それらを眺めていると、いろいろアイデアが湧いてくる。むろん、残材は大工がよいものを取って外した残りだから、汚れや割れなどもあり、そして節が多い（大きい）。それでも以前の山暮らしのときは、丸太を割りハツって自家製材した材料で木工をやっていたのだから、そのときに比べたらずっと精度の高い木工ができた。また、厚みのある材を少し薄くしたいときなどは、山で覚えたそのハツりのテクニックを活かし、逆にハツり痕をそのままに家具に仕立てたりもした。

　端材や余り材にノコギリやカンナを入れるたびに芳香が立ちこめる。そして思いついたカタチがどんどん出来上がっていく。その過程はわくわくするほど感動的なものだった。そして、無垢の木でできた家具は色がやわらかで温かく、見ているだけで和んでくる。

広葉樹の高級家具 vs 疑似木家具、という二極化

　ところで、スギやヒノキは針葉樹だが、そもそも家具づくりの素材に適しているのだろうか？　いま無垢の木を使った高級家具はほとんどが広葉樹でつくられている。広葉樹は硬く、傷が付きにくく、重厚で使うほどに風格が増し、何代にわたっても長く使えるからだ。

　では安い家具は、比較的軟らかいスギやヒノキでつくられているか？　というと、そうでもない。もうだいぶ前の話だが、私が学生時代のアパート暮らしでお世話になったカラーボックスのような簡易家具は、多くがベニア板やパーティクルボード（木材の小片を接着・熱圧成型したボード）でつくられている。現在ではさらに緻密なMDFボード（木材チップに合成樹脂を加え、板状に熱圧成型した素材）を用いたものも多く、木目をプリントした化粧シートが貼られて木を真似ている。いわば疑似木である。

　しかし昔はスギの家具もあったし、現在でも地元の木で家をつくる設計家・工務店

などでは、作り付けの家具類にスギ・ヒノキを使っているのがけっこうある。大工さんがそれこそ残材などをアレンジしてつくってくれるのだ。それらは家の構造的な材質と一緒だから、デザイン的にも統一感があって好ましい。

つまり、プロの家具作家は針葉樹に手を出さない、一方、安い家具は無垢の木ではなくニセモノ。大工さんがつくってくれる針葉樹の家具は、それはそれでいいが、誰でも木の家を建てられるわけではない。かくて、日本の家具市場は、「広葉樹の高級家具vs安い疑似木家具」と二極化し、そのなかで、スギ・ヒノキの家具は現代の市場に出ることがなかったのである。

節を活かし温もりをもった木工家具をつくる

スギ材など国産材を積極的に用いてユニークな建築を多数つくっている建築家の隈研吾が、こんなことを書いている。

> 「木の建築」というのは世の中にたくさんありますが、木がテクスチャーの一種へと墜ちてしまって、すなわち「木」という壁紙みたいになってしまって、木という生き物から発する内圧が感じられるような建築はなくなってしまいました。(隈研吾『オノマトペ建築』エクスナレッジ 2015, 121p)

★9 くま・けんご(1954〜)。「梼原町・雲の上ギャラリー」「スターバックス太宰府天満宮表参道店」「アオーレ長岡」など斬新な発想で木を用いた建築多数。新国立競技場にも注目が集まっている

これは現在の木工家具にもいえる。節のない材を用い、平滑にサンドペーパーをかけて滑らかにウレタン塗装し、ホゾ組みの精度を高めてつるりと見せる。そのあまり、なんだか木の温もりが消えて工業製品のように見えてしまうのである。家具の中に木という生き物が感じられない。

プロは節を嫌う。硬く加工しにくく、節の前後では必ず逆目が出るのでカンナをかけにくい。彼らは無節の材を最良とする。しかし、われわれ素人は、価格の安い節だらけの材を大いに使うべきで、むしろそれをデザインの一部として活かしたい。もっとザクザクとしたものでよい。節があることやビス打ちの跡が見え

壁や内装にスギを使った高知県梼原町「雲の上のホテル・別館」(設計：隈研吾建築都市設計事務所)

ることを恥じる必要はない。それを逆手にとればよいのだ。

　スギ・ヒノキなどの針葉樹は、広葉樹の家具材などに比べて軟らかく、加工は楽でカンナもかけられるが、ナタやヨキでハツることも可能という、新しい木工世界にうってつけの素材と言える。また触って温かく、そして軽い。だから、節が目立ったり作品にゴツゴツした彫刻的要素があっても威圧的にならず、優しく感じられる。木目や節を楽しむなら塗装や彩色は不要だし、むしろ作品の彫刻的要素が見やすく、楽しい。だから板と板の組み方をどう見せるか、木口をどう見せるかも重要になってくる。まさに新しいスギ・ヒノキ材ならではの木工の世界が拓けてくるのである。

▲ハツリ痕、ビス頭、そして節穴まで取り込んだスギ材イスの座面（作例は111ページ）

IKEA・MUJIのデザイン性

　木工作家のつくる高価な家具は、オリジナリティさを出そうとするあまりデザイン過剰になりやすい。一方、安い疑似木家具には、デザインのデの字も感じられない。そのなかで現在、大いに人気を集めているデザインがIKEAとMUJI（無印良品）であろう。

　ご存知の方も多いだろうが、イケア（IKEA）はスウェーデン発祥の世界最大の家具量販店で、ショールームで選択した後、客自らが倉庫に出向いて商品をレジに運び、配送してもらうという独自のスタイルをとっている。商品は、同封された工具でマニュアルを見ながら客が自宅で組み立てる。イケアには専属デザイナーがいて、企画・製造・販売まですべてを一貫して行なっているので、価格はかなり安い。私もAmazonを通じて「ポエング[★10]」というイスを買った。「こんな値段でいいのか？」と思うほどだったが、シンプルなデザインでとても使いやすい。世界的ベストセラーというのもうなずける。

囲炉裏暖炉の部屋に置かれたIKEAのポエング

　無印良品もよく知られている。西友ストア時代に発祥したプライベートブランドがルーツで、デザイナー田中一光[★11]が関わった経緯がある。家具だけでなく、衣服、バッグ、文具や食品、寝具、食器と幅広く扱っている。海外にも進出し、現在では「MUJI」ブランドで通っている。徹底して装飾を排除したデザインだが、

★10　積層合板を片持ちに使ったクライニングチェア。1976年、中村昇によるデザイン

★11　たなか・いっこう（1930〜2002）。戦後の昭和期を代表するグラフィックデザイナー。1980年、「無印良品」のアートディレクターに就任

1章　国産スギ・ヒノキ材はすごい　17

素材感が本物であるため冷たさを感じさせない。私の家にも愛用品がいくつかあり、家具ではナラ材の机をもっている。製品は細部まで丁寧につくり込まれており、値段は少々高めだが長く使えて飽きがこないフォルムになっている。

IKEAもMUJIもシンプルで洗練されており、素材感をそのまま見せているものが多い。自然の温かさ、そこが人気の大きな要因の一つなのだ。

国産材は安全で安心

シンプルでミニマル★12——そんな装飾を排した簡素なデザインの家具なら、自分でつくれないか？ そう、スギ・ヒノキなら軽くて加工しやすいし、それに今は性能がすごくよくなったインパクトドライバーというスグレものの道具もある。案外簡単につくれるし、キズや汚れを避けるためにどうしても塗装が施される市販品と違い、自分でつくればその必要もない。

また、スギ・ヒノキでつくれば、安全・安心で健康的でもある。無垢の木は手触りが優しく、調湿効果があって水分を吸ったり吐いたりしてくれる。家の中に無垢の木が多いと窓の内部結露は少ないし、カビも生えにくい。料理の臭いなどが部屋にこもったときも、そのまま放置すれば翌日には消えてしまう。

ところが輸入材は船積みの過程で薬剤散布をするし、輸入丸太には防虫処理が義務付けられる。薬剤が浸透した木材はいくら無垢でも、いや、かえって無垢だからこそ心配になる。また、合板やパーティクルボード、MDFなどは製造の過程で接着剤を使っているので、それらが気化したものが部屋に放出される。

そもそもスギ・ヒノキは本来、防虫効果がとても高いので防虫・防カビ剤などは不要なのだ。だから木工で出た木クズも、安心して燃料として使えるし、灰は畑にまいて土に還すことができる。

以前、山暮らしで囲炉裏を使っていたとき、燃料として外材や合板などは黒煙が出て異臭がするため燃やせなかった。現在は暖炉と囲炉裏を合体させた暖房器具「囲炉裏暖炉★13」を使っているので室内に煙は出ないが、やはり燃やすのも安全・安心な木がいい。山から伐採した木材を加工し、その木クズを燃やして暖をとるとき、やがて木灰を畑に還すとき、私は深い安らぎを覚える。

★12 装飾をなくし形態や色彩を最小限に切り詰める造形手法、ミニマリズム

★13 筆者が設計し登録商標を取得している。詳細は拙著『囲炉裏暖炉のある家づくり』（農文協2016）参照

囲炉裏暖炉のある筆者の部屋が見られる YouTube「囲炉裏暖炉のある暮らし」▼

https://youtu.be/m_NSC6fiDCE

無垢材は拭き込むことでエージング

囲炉裏といえば、スギの間伐材を半割りにして厚板をとり、それで囲炉裏部屋の床を張ったことがある。ハツリの痕に靴下などが引っ掛かると困るので、凹凸が大きいところは粗ガンナをかけたが、確かにシーボルトの書くように「絹のよ

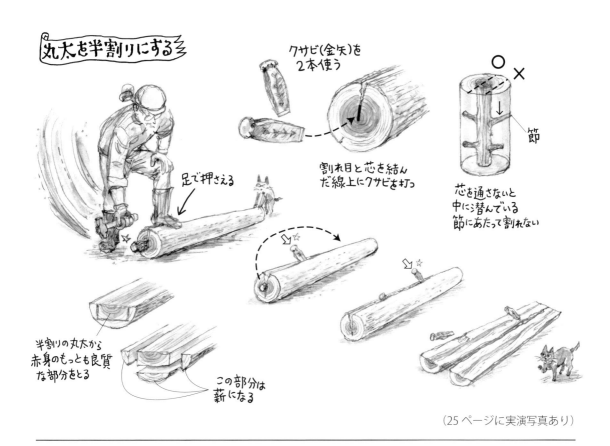

1章　国産スギ・ヒノキ材はすごい

うな光沢」が出てくるのだった。そして驚いたのは、1年もしないうちにあたかもウレタンで塗装したかのようなツヤが出てきたことだった。囲炉裏を使い続けて灰が落ちるので、スギ板に雑巾掛けを繰り返していただけなのだが……。

　考えてみれば、よく手入れされた古民家の板の間はみな黒光りしている。が、あれは塗装したわけでも漆を塗ったわけでもなんでもない。長年の雑巾掛けによって自然にそうなったのである。木の中に含まれる天然の油分との複合効果なのであろう（家によっては油分のある米ぬかを布袋に入れて磨くこともあった）。その証拠に、人工的に機械乾燥をかけた木はパサパサで、雑巾掛けをしても光沢はそれほど現われない。

　しかし、光沢は出ないまでも、キズや汚れは拭き込むことによって馴染んでいき、木としての風格が出てくる。最近の木工では、わざとキズを付けたり粗い塗装をして、古びた風格を付ける「エイジング塗装」が人気だが、無垢の木を使って手入れを繰り返せば、自然にエイジングされるのだ。これに対し、ニスやウレタンの塗装は、最初の美しさを保つだけである。そして長年のうちに塗装は必ず禿げて、そこだけが汚れを吸い込んでみすぼらしくなってくる。

膨大な量があるスギ・ヒノキ材

　さて、ここまで見てきたスギ・ヒノキ無垢材の特徴をまとめてみよう。

1）割裂性が高く加工しやすい。
2）割ったテクスチャー（感触、質感）も面白い。
3）軽いのに強度があり、耐久性も高い。
4）それぞれ好ましい特有の匂いをもつ。
5）木目や木肌が美しく、それをデザインに取り込むことができる。
6）無垢材は調湿効果があり、部屋に潤いを与えてくれる。
7）薬剤を使っていないので安心安全である。端材は囲炉裏で燃やせる。
8）拭き込めば自然にツヤが出て、キズや汚れは馴染み、風格が出てくる。

　以上、私の知識と経験の中からスギ・ヒノキの木工素材としての可能性を描いてみた。

　現在、日本の国土面積の約2/3が森林だが、そのうちの約4割がスギ、ヒノキ、カラマツなどの人工林である。うちスギ・ヒノキだけで約7割を占める。そのなかで手入れが遅れた荒廃人工林では節や曲がりの多い不良材も多く、そんな木は住宅や家具には使われずに、山の中に伐り捨てられるか、運ばれたとしてもチッ

プにしたりバイオマス発電の燃料にされてしまう（下の図）。しかしもっと自由に発想を変えてこれらB材やC材を最良の木工素材と考えてみれば、私たちの国土には膨大な量の資源が眠っていることがわかる。

これまでDIYの木工素材といえば、主に外材のSPF材[★14]（ツーバイ材など）が使われてきた。しかしいまや国産スギ材はそれら外材と同じ価格帯になっている。そしてさまざまな規格品が簡単に手に入る時代になっている。使わない手はないのだし、私たちが積極的に国産材を使うことで山の手入れが進むという効果も忘れてはならない。

次章からその使い方、活かす道具、実際の作例を紹介していく。

★14 樹種の頭文字を並べた呼び名。スプルース(Spruce)、パイン(Pine)、ファー(Fir)

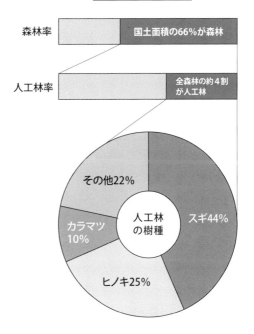

（「平成26年度 森林・林業白書」より）

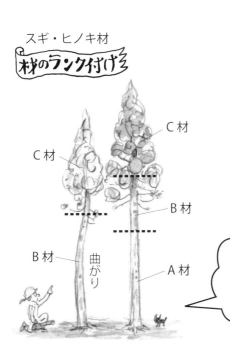

手入れ不足で崩壊する人工林。木工もこんな現実を変えていく一つのきっかけになりうる

現在の日本においては通直なA材でないと住宅建材にならない。曲がりや小径のB材は集成材や合板の工場へ、さらに大きな曲がり材や枝付き小径木などのC材は、チップや燃料としてバイオマス発電に回される

1章　国産スギ・ヒノキ材はすごい　21

外材と国産材の仕様・単価比較

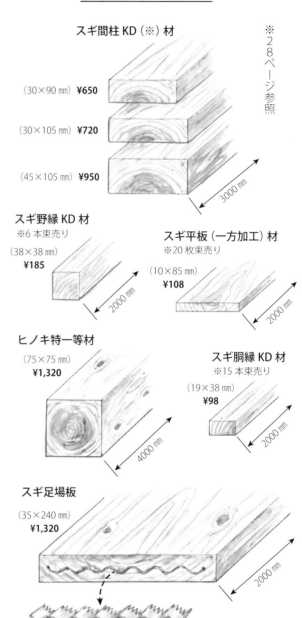

外材（SPF・ホワイトウッド・ベイマツ）

ワン・バイ規格材
- 断面寸法 / 価格
- 1×2（19×38 mm）¥258
- 1×3（19×63 mm）¥348
- 1×4（19×89 mm）¥228
- 1×6（19×140 mm）¥698
- 長さ 1830 mm
- 初めから角を丸く加工してある

ツー・バイ規格材
- 2×2（38×38 mm）¥520
- 2×3（38×63 mm）¥598
- 2×4（38×89 mm）¥328
- 2×6（38×140 mm）¥798
- 長さ 1830 mm

※長さは一例、この他にも1200 mmから3650 mmまで対応あり

ベイマツ垂木 ※6本束売り
- （45×45 mm）¥360
- 長さ 2000 mm

国産材（スギ・ヒノキ）

スギ材はSPF材とほぼ同等の価格に！

スギ間柱 KD（※）材 ※28ページ参照
- （30×90 mm）¥650
- （30×105 mm）¥720
- （45×105 mm）¥950
- 長さ 3000 mm

スギ野縁 KD 材 ※6本束売り
- （38×38 mm）¥185
- 長さ 2000 mm

スギ平板（一方加工）材 ※20枚束売り
- （10×85 mm）¥108
- 長さ 2000 mm

ヒノキ特一等材
- （75×75 mm）¥1,320
- 長さ 4000 mm

スギ胴縁 KD 材 ※15本束売り
- （19×38 mm）¥98
- 長さ 2000 mm

スギ足場板
- （35×240 mm）¥1,320
- 長さ 2000 mm

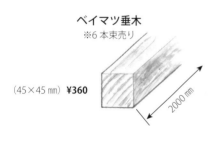

割れ止め金具

左右両図とも同縮尺（1/5）

立米単価比較

- 2×4材（38×89×1830）＝52,997円／㎥
- 2×6材（38×140×1830）＝81,967円／㎥
- ベイマツ垂木（45×45×2000）＝88,889円／㎥★
- スギ間柱（30×90×3000）＝80,247円／㎥★
- スギ足場板（35×240×2000）＝78,571円／㎥★
- ヒノキ特一等（75×75×4000）＝58,667円／㎥★

2017年、通販サイト価格／★は香川県高松市ホームセンター調べ

2章 さまざまある規格材から木取りする
——材料の性質と選び方

木工でまず大事なのは木材の性質を知り、その素性を活かすこと。どんなに機能的で美しい形がつくられても、木の使い方を間違えると割れてしまったり、ビスが効かなかったりする。ここでは自分で木取りするときの知識を学ぼう。

日常の家具が破損すると危険だよ。

Chapter 2

1 木材の性質と木取り

木の方向と割裂性

　1章の最初にスギ・ヒノキの割裂性のことを書いた。まだノコギリがなかった時代に法隆寺がつくられたとき、大工たちは巨大なヒノキ丸太からクサビを打って割り、柱を取り出した。小さなクサビで割ることができる木の塊が、数百トンもの重さに耐えるという、この両極を内蔵しているのが木材というものなのだ。

　この性質はスギ・ヒノキの幹の中の組織が「仮導管」と呼ばれる微細なチューブの連続体でできていることによる。これは根から枝葉に水を運ぶいわば通路だが、幹を支持している物質そのものでもある。

　そのチューブに沿って裂くように力を加えれば割れるし、逆に直角方向に力を加えると割れず、繊維の束となって力に耐える。すなわち、木は木口（年輪が見える面）からクサビを入れると割れる。そして芯を外さなければどの方向からでも割ることができるが、芯を外すと途中に節が隠れている場合そこで抵抗がかかり割りにくい。

　また側面からでも木が立っていた軸方向に沿って縦にクサビを入れると割ることができるが、横方向にクサビを当てると割れない。また割るときは

★15 推古15年（607）創建、世界最古の木造建築。使われたヒノキ丸太の直径は1.5～2m超ともいわれている

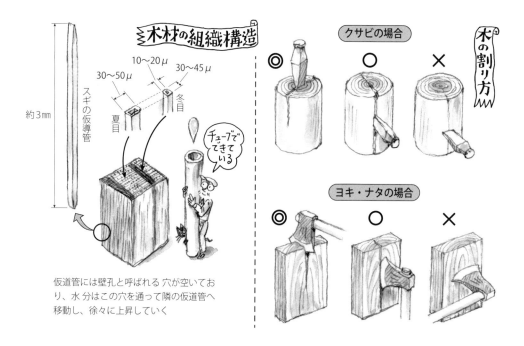

仮道管には壁孔と呼ばれる穴が空いており、水分はこの穴を通って隣の仮道管へ移動し、徐々に上昇していく

ワークショップで丸太の
クサビ割りをする筆者▶

「木元竹末★16」という言葉がある通り、木は元（根元側）からのほうが割りやすい。それは次ページの右図を見れば明らかだろう。末（幹の先側）から割ろうとすれば硬い冬目が刃物に立ち向かうかたちになるからである。

　現在は縦方向に切断する場合でも電動ノコギリや縦引きノコを使うことがほとんどだが、この木の性質を利用すればヨキやナタで材を割り、ハツりで修正したあとカンナで仕上げるのも難しいことではない。慣れれば非常にスピーディーに仕事ができる（右写真参照）。

★16 木は元から、竹は逆に末から刃物を入れるとうまく割れるということ。ものにはやりやすい順序があるという例えにも

①芯を外さずクサビを打ち込む

②割れ目にさらにもう１本打つ

木目と節

　スギ・ヒノキは木目が美しい木である。また通直の幹から細い枝が多数飛び出す樹形をしているため、その枝の跡が節となって現われやすい。丸太から板を取り出すと、この明瞭な木目と点在する節が表情をつくる。また節のない材はいっそう美しいことから「無節」と呼ばれ、上物として扱われる。

　その木目は木の内部でどのような構造になっているのか？　木目と節とはどのような関係性をもっているのか？　これを理解しておくと、木を加工するとき役に立つ。

　どんな植物も先端にある成長点から新しい枝が伸びていく。木の場合はこうして背が高くなるだけでなく、横方向にも太っていく。樹皮のすぐ裏側の「形成層」と呼ばれる部分が、新しい細胞組織をつくり続けるのだ。木は中心部から太るのではなく、つねに外側にかぶさるように太っていく。言い換えると、木は中心部がもっとも古く、一番外側がもっとも若いことになる。季節によるその太り方の違いで組織の稠密度と色あいが変わり、それが木目となって現われる。

③側面にクサビを打ち変える

④狭い割れ目にクサビを送りながら割っていく

2章　さまざまある規格材から木取りする　25

外側に太っていくのは枝も同じで、基本的に幹と枝の組織は連続してつながっているが、スギ・ヒノキの枝はごくわずかしか太らない。そして枝は幹が太るにしたがってつねに木の内部に入り込んでいく。幹に巻き込まれたこの枝の跡が節である。

　林業で行なわれるいわゆる「枝打ち」は、樹木の下のほうにある枝を若いうちに幹から切り取ってしまう重要な作業である。2〜3年後には切断面は新しい年輪に巻き込まれて木材の中に埋没していく。その外側を太らせて木取りすると節のない材が採れるというわけである（次ページ図）。

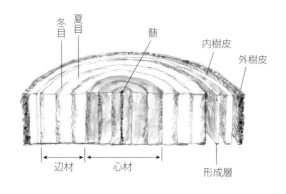

幹の断面と名称

赤身（心材）と白太（辺材）の使い分け

　年輪の中心を髄といい、その周りの赤っぽい色の部分を「赤身（心材）」、その外側の樹皮までの部分を「白太(しらた)（辺材）」と呼ぶ。辺材には生きた組織が含まれており、水を通過させる。心材は辺材の細胞組織が死んで茶や赤色に変色したもので、硬く、腐れや虫食いにも強い良材部とされる。樹種によっては美しい赤い色を帯びることから赤身とも呼ばれ、スギ材はとくに顕著で、材の中に白太と赤身が混在する材を源平合戦の旗色になぞらえて「源平」と呼んだりもする。

　赤身だけ、白太だけ、という材もそれぞれ美しいので、木工ではその組み合わせをデザイン的にいろいろ使い分けてみたいが、経年変化によって色の違いはやがてぼやけてくる。が、赤芯は耐久性が高くツヤも出やすいということは覚えて

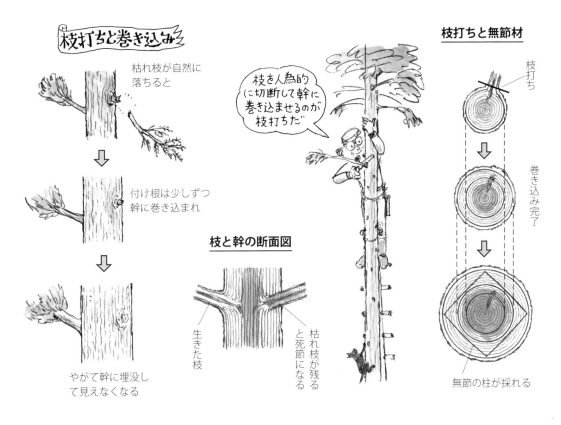

おいたほうがよい。

木材の割れと反り

　もともと山に生えていた木は水分をたっぷり含んでいる。伐採されると地中の水分を吸い上げることができなくなるので、木は徐々に水分が抜けてくる。そして一定の含水率を過ぎると木は収縮を始める。木材の中には自由水と結合水の二つがある。まず木の細胞の空隙に詰まっている自由水が抜け始め、自由水がなくなると木材組織と結び付いた結合水の領域になり、この水が抜け始めると収縮が起きる。そうして木を一定の温度と湿度のところに置いておくと、やがて含水率は安定する。しかし日本は四季があり温度や湿度も変化するので、安定した後も木は水分を吸ったりはいたりして、わずかな膨張と収縮を繰り返す（これを外側から見た

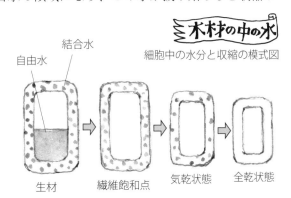

ときに「調湿作用」と呼ぶ）。

　心材と辺材とでは、成長する皮に近い辺材のほうが水分を多く含んでおり、心材より収縮の度合いが大きい。これが反りや割れとなって現われる。

　もう一つは、木が成長する過程で重力や風・雪などに耐えながら内部に応力（外力に応じて生じる抵抗力）を蓄える。それが伐られたことで開放され、狂いや割れが出ることがある。

木取りの位置によって反り方が違い、芯よりも円周方向のほうが収縮しやすい

KD材よりAD材、グリーン材は乾燥させて使う

　木材の天然乾燥は時間がかかり、中途半端な未乾燥材を使うと前述の通り割れや反りが出てクレームがつくことから、建築業者は人工的に熱を加えて乾燥させた「人工乾燥材／KD材[★17]」を使うことが多い。ホームセンターなどで売られている国産材の場合、人工乾燥された材は「人工乾燥材」あるいは「KD材」と明記されている（一方で、天然乾燥材は「AD」材と呼ばれる）。表記のない場合は未乾燥材と考えられるが、店によってはこの未乾燥材を「グリーン材」などと表記している場合もある。その乾燥度合いはまちまちで、通称「ズブ生」という言葉がある通り、触ってみてあきらかに濡れた感じのするものもあるし、流通の過程でかなり乾いているものもある。水分が抜けていないものは「持ち重り」がするのでわかる。

　手間をかけているぶんKD材は割高だが、熱処理によって組織破壊が起き、油が抜けてパサパサした感じになっている（調湿能力も劣ると言われている）。木材としての強度や耐久性、色ツヤは、天然乾燥材（AD材）のほうが断然よい（ちなみにSPF材、ホワイトウッド、ベイマツなどの外材のほとんどは乾燥処理されて日本にやって

ホームセンターでは乾燥材の表記がある▼

★17 kiln dry（キルン・ドライ）の略。AD材はair dry（エア・ドライ）の略。

くる)。

　グリーン材は KD 材に比べ狂いやすい欠点があるが、やがて乾燥すれば天然乾燥材なのだから、木の性質や素性を見て加工・使用すれば、長い耐久性と強度を保つ。とくにスギは水分が多く抜けにくい材である。割れと反りは太さや厚みのあるものほど大きく出るので、もし未乾燥材を購入した場合は、風通しのよい場所に「元を上にして」3カ月以上立て掛け、よく乾燥させてから使うようにする。元を上にする理由は 26 ページの右図を見ればわかると思うが、そのほうが維管束から水が蒸発しやすいからである。

木表と木裏、その表情と使い方

　丸太から板や角材を製材したとき、皮に近い面を「木表(きおもて)」、芯に向いている面を「木裏(きうら)」と呼ぶ。一般に木表側は木目が美しく、節の現われ方も少ない。そのため見附(みつけ)（目に付く、目立つところ）には木表の面を使う。また木裏は、とくにスギの場合、反りが生じてトゲが刺さることがあるので、肌に触れる場所は木表を使うのが一般的。しかし丸太から板採りしたものは木裏のほうに赤身が多く出る。場合によっては、赤身のきれいな木裏を使うという選択肢もあってよい。

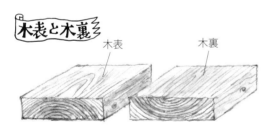

木目を活かす、柾目と板目

　木目が一面に平行に出る木取りをした板を「柾目(まさめ)」といい、木目が曲線で現われた板を「板目」と呼ぶ。柾目は 1 本の丸太から数枚しか採れないし、美しいうえに狂いが少ないので高価である。「板目」は木目の片寄りが曲線模様として現われたもので、フローリング材などの板はほとんどがこの板目になる。板目は

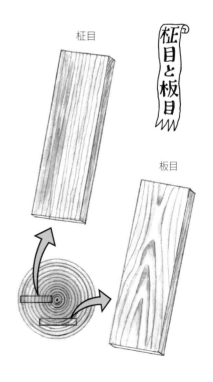

柾目よりは反りやすい。

　角材の場合は板目であっても側面は柾目が現われることが多い。木取りによっては4面とも柾目もありうるし、それは柱材の場合「四方柾目」と呼ばれ珍重される。また板目の板材でも、節がなければ側面に柾目が現われるので、板で枠や棚をつくるときは意識して柾目を活かすと軸線が強調され美しい。スギ材の場合はとくに木目が目立つので効果的に使いたい。

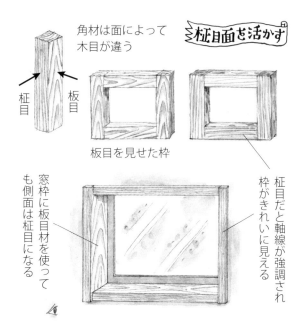

柱や脚部の元と末、板目の方向、その表情と使い方

　家づくりで柱を立てるときは元を下に、末を上に使う。つまり山の中で木が立っていたように使う。そのほうが木目が安定して見えるからだ。また「木は元からのほうが割りやすい」と書いたが、柱などは元を上にして使うと、地震のときなど上からの加重で裂ける危険がある。

　板にも見た目の使い方に原則がある。縦に使う場合には柱と同じように元を下にして使う。木目はタケノコが伸びていく感じに見えるので縁起がいいし、やはり安定して見える。横に置いて棚板などをつくるときは、大工さんは慣例として左勝ち（左側に元が来るよう）につける。廻縁や框も同じである。

　木工の場合、この原則を外しても機能的には問題ないが、テーブルやイスに角

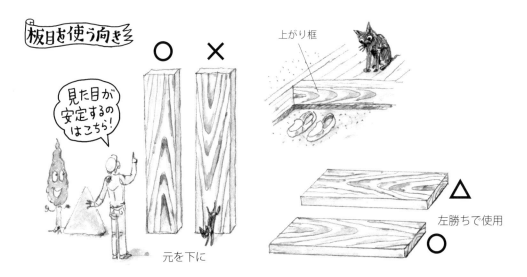

材の脚を付けるときや、板を縦に並べるときはこれに倣うとよいだろう。横に使うときも、木目や節の位置を見ながら、美しく見えるレイアウトを心がける。

節は避けるだけでなく、活かしても面白い

　スギ・ヒノキとも節は非常に硬く、ノコギリでカットするときも節の部分で抵抗がかかる。ビスや釘も打ちにくい。カンナをかけるときも節があれば刃を傷めやすく、滑らかに削るのは難しい。

　節には「生節（いきぶし）」と「死節（しにぶし）」がある。前者は葉が生きている枝の節で、幹の組織と一体化しているので、むしろ硬い節が内蔵されることで強度は高くなる。一方、後者の死節は枯れ枝を巻き込んでいったもので、組織は死んでいるので節の色も悪く、幹の組織と遊離している。板にとると節穴が抜けることがあるのが、この死節である。

　以上のような理由から、節を避けた木取りで木工の組み立てを考えたいところだが、節はまた、デザイン的なアクセントにもなる。今のスギ・ヒノキは手入れが遅れて枝打ちされていない木が多く、節だらけであることが多い。だから、逆にまったく節のない材が際立つ。その両者の組み合わせの妙も楽しみたい。

木目を読んで逆目（さかめ）を回避する

　木には木目の配列によって、刃物を入れるとすんなり削れる「順目（ならいめ）」と、刃物が入ると奥へと導かれて木がささくれてしまう「逆目（さかめ）」とがある。板材の広い面に、順目と逆目が同方向に共存している場合も少なくない。節の前後では必ず逆目が出るので、カンナをかけるときやヨキでハツるときは、刃物が深く入り込んで削りすぎないように注意しなければならない。

　その板の削る面のどの方向が順目か判断するには、板の側面を見て木目の流れから判断するのが手っ取り早い。

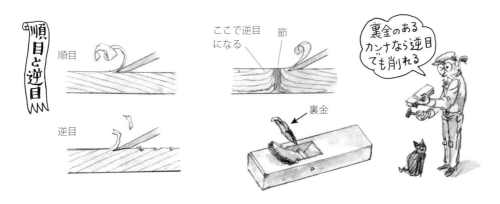

Chapter 2
2 規格サイズから発想する

建材の規格を利用する

これまでDIY木工でよく使われてきた外材のSPFツーバイ材は、木造建築の工法の一つ「ツーバイフォー（2×4）工法」で使われる主要木材で、主に使われるのが2×4インチ（two by four）の角材であるためこう呼ばれる。規格が統一されているので材料の供給が安定し、かつシンプルな構造システムなので、西部開拓時代のアメリカにおいて、素人でもつくりやすい工法ということで広まった背景がある。

一方でわが国の木造軸組工法（在来工法）は、長い歴史の中でつくられた伝統

構造用合板で挟み込むように使われる

工法を簡略化・発展させた木造技術である。木材をムダなく用い、それぞれ力学的にかなうサイズを割り出し、それらを合理的に組み合わせる。

したがってツーバイ材は規格がごく限られているのに対して、木造軸組工法はさまざまなサイズの木材が使われる。戦後植えられたスギ・ヒノキが成熟したこともあり、現在ではそれらの国産材がネット通販やホームセンターなどで販売されるようになり、価格も安い。それをいろいろ買い揃えておくと、加工手間が省略されて便利である。

在来工法で使われる木材には次ページのような規格があり、その特徴をDIYに活かしていきたい。

仕上げ（表面）の違い

材料はそれぞれの用途によって表面の仕上げが異なり、荒材、プレーナー仕上げ、サンダー仕上げ、超仕上げ、の順に滑らかなものになる。

荒材……製材機のノコギリで取り出したままの素肌で、ざらざらしている。下地

規格材と木工利用

名称	建材の用途	分類	入手できるサイズ 厚×幅×長さ（mm）	材質	DIYの用途例
構造材	建物の構造の骨格となるもの	柱	105×105×3000 120×120×3000	スギ・ヒノキ	テーブル脚
		梁・桁	105×180〜330 ×3000〜4000	スギ・アカマツ	カウンター天板
		土台	105×105×4000	ヒノキ	テーブル脚
		大引	105×105×4000 90×90×4000	ヒノキ	テーブル脚
羽柄材（はがら）	構造材より断面寸法が小さく構造材の補助や下地になるもの	根太	45×60×3000	スギ・アカマツ	テーブル・イス脚、テーブル反り止め
		筋違 間柱	30×90×3000 45×105×3000	スギ	テーブル脚・イス脚、靴脱ぎ台、梯子縦木
		垂木	45×60×3000	スギ・アカマツ	テーブル・イス脚、テーブル反り止め
		胴縁	19×38×2000 18×50×2000	スギ・ヒノキ	小テーブル脚、脚補助材
		野縁	38×38×2000	スギ・アカマツ	テーブル脚、梯子横木、丸棒加工
造作材（ぞうさく）	内装に使う材（木目が美しく滑らかな表面処理がされている材）	敷居 鴨居	30×110×1820 30×120×1820	スギ・ヒノキ	棚板、テーブル幕板
		ドア枠 笠木 窓枠	25×160×3000 20×120×3000	スギ	棚板、側板
		床の間板	30〜60×400〜700 ×2000〜3000	スギ・トチノキ	テーブル天板
		幅木	6×50×3000 9×60×3000	スギ	小物パーツ、テーブル幕板、本棚はかま
		廻り縁	10×20×3000 10×34×3000	スギ	小物パーツ、吊り棚の枠、横木の支点
下地材	屋根や壁、畳、フロアなどに隠れる荒板	バラ板 野地板	12×90×2000 12×105×2000 12×135×2000	スギ	棚板、側板
足場板	仮設工事の足場用荒板		35×240×2000 〜4000	スギ	テーブル天板、棚板、側板 ※両端に割れ止め金具が付いているものはそれを外して用いる
フローリング材	床板用。滑らかな表面処理、本実加工、裏面反り止め溝付き		15×105×4000 30×150×4000 30×180×4000 （長さ2000もあり）	スギ・ヒノキ	テーブル天板（連結して）、棚板、側板
羽目板	壁・天井用。処理はフローリング材に同じ		9×105×2000 10×120×2000	スギ・ヒノキ	棚板、側板

※サイズは一例であり、地方によってはカラマツ材が入手できる

材、足場板はこれ。安価であるが、DIY に使うにはカンナがけやサンドペーパー、ハツリ処理などが必要。

プレーナー仕上げ……回転する刃の機械でカンナがけされたもの。DIY ですぐに使えるレベル。構造材や羽柄材は主にこの仕上げ。

サンダー仕上げ……プレーナー仕上げ済みの化粧面を低粒子のサンドペーパーで研磨したもの。ツヤ消しの風合いになり、塗料などが浸透しやすい。主にフローリング材や羽目板の仕上げに用いられる。

超仕上げ……材を平滑にし、さらにツヤを強く出すために仕上げカンナをかけられたもので、もっとも木肌が美しい。造作材やフローリング材に用いられる。

規格材の組み合わせで形が生まれる

　ツーバイ材を使った木工入門書も出ているくらいだから、規格の形が作品に与える影響は大きい。現在はスギだけでこれだけの規格材がすでに用意されているわけで、木工のデザインの可能性は大きく変わったと言える。
　また、ツーバイ用の SPF 材だと木目がなく白っぽいのでどうしても塗装したくなるが、スギの場合は木目、節、辺材と心材の色違いなど表情が豊かなので、かえって塗装しないほうが面白い。
　もちろんスギ・ヒノキだけにこだわる必要はない。ホームセンターには国産材ではカラマツ材の規格品も出ているし、ベイマツの垂木材や、ベイヒバ材は強度があり、色合いとしてスギと組み合わせても魅力的な材である。
　わが家をつくったときはベイマツの垂木材や下地材としてベイヒバの角材も用

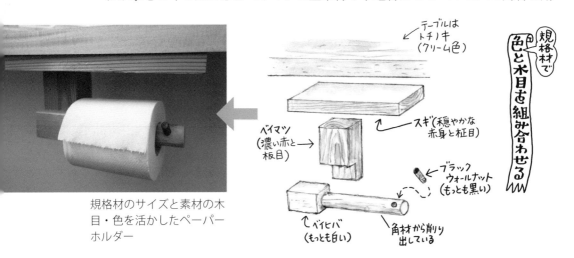

規格材のサイズと素材の木目・色を活かしたペーパーホルダー

いたので、この端切れがけっこう残った。ベイマツ垂木材は45×60㎜で、そのままテーブルの脚にぴったりの断面サイズだし、ベイマツはまたスギとは微妙に違う赤色と木目をもっている。米ヒバ材は木目が緻密で色の白さが美しい。これにウォールナット材の黒が組み合わさると、無垢の木だけで豊かな色彩のバリエーションが生まれる。

私はこれらの4種類の残材でトイレットペーパーホルダーをつくり、トチノキのサイドテーブルの下に取り付けた。それぞれの色と木目の組み合わせが美しく、トイレに座るたびに見とれてしまうくらい気に入っている（作例130ページ）。

安くて分厚い足場板を活用

スギの足場板は仮設工事の足場として売られている製品だが、安価なので住宅や店舗の内装材・床材としても人気がある。35㎜厚の製品は木口（両端の断面部分）に割れ止め防止用の金具が打たれているが、それは数センチ入り込んでいるだけなので、そこを切り取ってしまえばDIY素材として使える（22ページ参照）。値段は、厚さ35㎜幅240㎜長さ3mのスギ板が1枚およそ1,500円、1mあたりおよそ500円と廉価である（ネットでは800円くらいが相場）。荒板なのでカンナがけが必要だが、ヨキでハツりを入れたテクスチャーも面白い（左写真）。

▶本棚上部は足場板を30㎜厚にハツったものを使用
ハツり痕
（作例120ページ）

足場板のハツり
購入時は荒材なのでツヤがなく木目も不明瞭
ヨキでハツると……
金具部分はカット
テクスチャーは荒々しいが、刃物による仕上げなのでサンドペーパー処理よりも表面はつややかで木目もよく見える

（作例112ページ）

スツール前脚と座板は本棚の足場板の端切れを利用

作例としては本棚の棚板や机の側板、縦にカットして脚にも使える。はぎ合わせればテーブル天板にも使える。

間柱材のサイズ
まばしら

　木造軸組工法の家づくりでは柱はスギの105cm角を使うことが多い。その柱の間に入れるのが間柱で、一棟の家でかなりの本数が使われる。断面は105×30㎜や105×45㎜の長方形で、長さは3mで販売されている。私の家では105×45㎜が使われたのだが、一階を「現わし天井」にしたので階高を下げることができ、間柱はふつうより低く切って使われた。そのため長い端切れがたくさん残り、よい木工素材となった。

　ボリュームがあるのでイスや作業台の脚にそのまま使うと頑丈で、ツーバイ材木工では得られない独特のフォルムを、そこから発展させることができる。

国産材の等級と化粧材

　国産の建材は節のあるなしによって等級があり、これが木材価格の根拠にもなっている。JAS規格で定められた等級として「2等」「1等」「特1等」「小節」「上小節」「無節」があり、2等・1等・特1等を「並材」、それ以上を「役物」と呼ぶ。無節に向けて順に値段が高くなる。上小節や無節にはその柱の何面がそうなのかで等級と値段が細かく変わってくる。しかし、現在では和室をつくらない家

国産材の等級

イメージ	等級	概要
	無節	節がまったくない材
	上小節	直径約10㎜以下の節が1m間隔に1個ぐらいずつ点在
	小節	直径約25㎜以下の節が1m間隔に1個ぐらいずつ点在
	節あり (特一等)	大小の節がたくさんあり、強度的には問題ない若干の死節や虫食い穴等も入る

が増え、また「節があるほうが自然な感じでよい」と考える人も多くなり、ホームセンターに「役物」が並ぶまでには至っていない。

　家の中で直接人の目に触れる部分、柱や窓枠、ドア枠、鴨居などに用いられ、見栄えをよしとする建材を「化粧材」と呼び、それぞれの役物にカンナがかけられて製品化されている。現在はネットでもさまざまな規格寸法を購入できるが、やはり材木屋や銘木店に出向いて実物を確認するのが安心である。

これから注目の三層材 ── Ｊパネル

　スギに関しては大きな集成面材「Ｊパネル」にも注目が集まっている。スギを有効利用するために開発されたパネル材で、乾燥させたスギ材を三層に貼り付けたものだ。厚みは36mmと30mmの２種があり、サイズは構造用合板などと同じサブロク判（910 × 1,820mm）と 1,000 × 2,000mm がある。無垢材に比べて収縮や反りが少なく強度があり、合板に比べて接着剤が少なくて済む。自然の風合いがあるので、壁や床だけでなく家具づくりにも利用されている。

　建築史家で自らも建築を手がける藤森照信は、素人集団でつくる「茶室」の壁にＪパネルを多用している。[18] 軽く、構造体として使え、くり抜けば自由な窓がつくれるところも魅力なのだそうだ。大型の木工素材としてうまく使ってみたい。

　Ｊパネルは現在、静岡県の「丸天星工業㈱」、鳥取県の「協同組合 レングス」、徳島県の「㈱山城もくもく」の３社が製造販売しており、販売サイト「手の物語」（http://tenomonogatari.jp）ではＪパネル30によるオリジナル家具の紙型（図面）がフリーダウンロードできる。

★18 藤森照信・大嶋信道 編集『藤森先生茶室指南』（彰国社 2016）

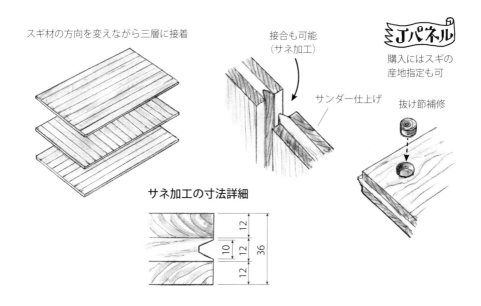

スギ・ヒノキ以外の国産材や外材について

国産材

カラマツ……本州中部のやや標高の高い地域（信州など）や北海道にたくさん植林され、やはり伐期を迎えている。赤みのある木目が美しく、耐久性も高い。入手しやすい地域ではスギ・ヒノキと同じように木工素材として使いたい。

アカマツ……かつて西日本の里山はアカマツだらけであったが、マツ枯れで壊滅的に少なくなった。被害を受けたアカマツは青く模様が入るが、強度は変わらないので色合いを活かした使い方も面白いと思う。

クリ……製品としてはなかなか手に入らないが、山では丸太で入手できることがある。広葉樹としては素性のよい木で加工しやすく、耐久性は抜群によい。色はややくすんだ灰茶で、スギ・ヒノキとよく調和する。

キリ……軽く加工しやすいが反りや狂いが少ない。材は白くて美しいので古くから箪笥や下駄などに利用された。田舎では大木をよく見かける。縦挽きして乾燥させればいろいろ使える。

ケヤキ……高級木材だが、古物のテーブルなどを解体したとき入手してストックしておくとよい。木目が美しく硬い。スギ・ヒノキの中にアクセント的に使うと映える。

ヤマザクラ……硬く、赤みがかった木肌は緻密で美しい。樹皮が剥がれにくく磨くと光沢が出るので、皮付きで使うのも面白い。

トチノキ……明るい木肌の広葉樹。一枚板が比較的安く手に入る。広葉樹にしては温かい感じで杢★19が出ると、ことに美しい。

★19 木目の紋様で、まれに現われる装飾性の高い美しいもの

外材

ベイマツ……住宅建築には横架材として、また大引や垂木材としてかなり使われているので、製品として入手しやすい。赤色が独特で木目も目立つ。強度はあるのでイスやテーブルの脚などに。

ベイヒバ……年輪が緻密。木肌は白くて独特の芳香がある。強度があるので40mm角のものが下地材としてよく使われる。脚として使うとミニマルな感じが出る。白さを活かして他の木材と組み合わせの妙を楽しむのもよい。

タモ……ナラ材によく似た広葉樹。木目がよく出るので天板や外に見せる側板に。一枚板は高いので集成材を使うという手もある。

ブラックウォールナット……黒茶色の木肌が特徴のクルミ材。高級木材として家具に使われるが、端切れを入手して、他の材との組み合わせ、意匠的に使うと映える。

廃材

家の解体や古い家具類を解体したとき、無垢材が出たら入手しておくとよい。たとえ塗装されたものでも、塗装面を削れば無垢材の肌が現われる。建具の細い材なども、とっておくといろいろ使える。古材は十分な乾燥が済んでいるので狂うことがないが、中に潜んでいる釘跡などで刃物を傷めることがあるので注意する。

3章　国産材を活かすインパクトドライバー——より進化した強力アイテム

「**イ**ンパクトドライバーで人生が変わった！」という人がいる。それほどまでにこの道具は木工の世界を変え、暮らしを豊かにしてくれる。深いビスが打てるトルクなどその高い性能から導かれる新しいカタチがある。それがスギ・ヒノキという素材を活かしていく。

トルク調節機能付きが便利だよ。

Chapter 3

1 インパクトドライバーとは
―― 木工作を劇的に変える工具

今はビス打ちが主流

木工作で、材料を簡単にかつ強固に止めていくにはクギを使う方法（58ページ参照）とビス（ネジ）を使う方法があるが、現在はビスを使う方法が主流になっている。ビスにはネジ山があるので木材同士を締め付けられる。クギに比べて引き抜きに強く、また失敗したときもビスなら簡単に抜いて打ち直すことができる。

カナヅチでのクギ打ちは、指を叩いてしまったり釘を曲げてしまったりと、初心者にはけっこう難しい。電動工具の登場でビス打ちはごく簡単にスピーディーにできるようになったが、女性のDIY愛好者が増えている背景にも、この「ビス打ち＋電動工具」の普及があるのは間違いない。

道具として完成の域に達していると思われるインパクトドライバー

ドライバードリルの使いよさと限界

電動のビス打ち道具には一般的なDIY用の「ドライバードリル」と、プロの職人たちが好んで使う「インパクトドライバー」がある。ドライバードリルにはクラッチ機能があり、トルクを調節することができるので初心者には大変使いやすい。一方、インパクトドライバーはビスに大きな抵抗（テンション）が掛かると途中から打撃モードになってビスがどんどん入っていく。そのままだとビスが木材に食い込んでしまうので、トリガーの引き具合をコントロールして頃合いのよいところでビスを止めねばならない（現在はトルク調整機能が付いた機種が出ている）。とにかくパワーがすばらしく、それがコードレスで使えるなら家の改装にだって断然威力を発揮する。

以前、群馬で私が山暮らしをしていた時代、Iターンの先輩たちがこのコードレス（充電式）のインパクトドライバーに惚れ込んで、活用していたのを見た。私も大いに心を動かされたが、同時にこの道具に溺れる危険も感じた。なんでもかんでもビス打ちに頼っていると、仕事が粗くなる、と。便利すぎる道具は諸刃

の剣なのだ。まずは手道具で木工の基礎をじっくり学ぶ時間が必要だと思った。そして値段が安いということもあって、ふつうのコード付きのドライバードリルを購入し、それを長く使っていた。

　軟らかく加工しやすいスギやヒノキなら、節を避けて使えばドライバードリルの能力で十分だった。が、あるとき広葉樹のケヤキ厚板にビスを打つことになって、最大のトルクに合わせて打ち込んだところビスが動かなくなってしまった。また、スギ・ヒノキ材であっても、長ビスを打ち込むとトルク不足で動かなくなってしまうことがあった。こうなるとお手上げである。そこから先に進むことができないからだ。

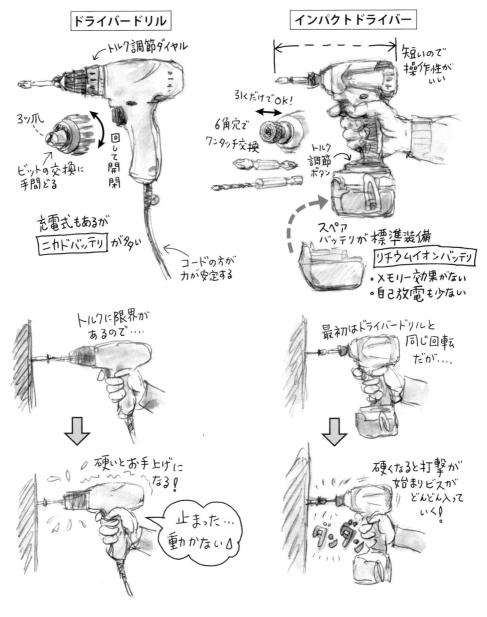

街中のホームセンターでSPF材を購入して使うぶんにはさほど不具合はないかもしれないが、山暮らしでさまざまな木材に出会うとき、強引に納まりをつけたいとき、このトルク不足は致命的だった。

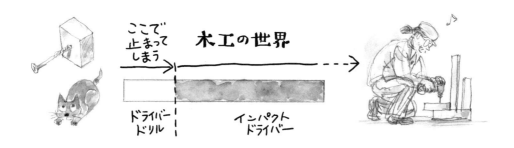

さらに進化したインパクトドライバー

　山暮らしでドライバードリルを使い始めてから、すでに10年以上の歳月が流れた。そして自身の家づくりでインパクトドライバーに再会した。いま、家づくりに関わるプロの職人たちはほぼ100％、コードレス（充電式）のインパクトドライバーを使っている。工事中、私は何度も現場に通って大工や他の職人たちがこの道具を使うのを観察した。

　最初の驚きは、インパクトドライバーが小型・コンパクトになっていることだった。コードレスだから大きなバッテリが持ち手の下に付いているのだが、それでも私が使っていたドライバードリルよりコンパクトに見えたし、実際、職人たちは片手で楽々と操作している。

　次の驚きはビットの交換が簡単なことだ。ドライバードリルの場合は、先端の取り付け部を回していちいち緩めたり締めたりしてビットを付け替える。先に書いた通り、木工作では予備穴開けにドリルビットを使い、ビスを締めるときはドライバービットに付け替える……という作業が頻繁に起きる。これが手回し式だとかなり面倒くさい。ところがインパクトドライバーの場合、先端のスリーブと呼ばれる金具を引っ張るだけで簡単に交換できる。あれだけのトルクをかけるのに、こんな仕組みで大丈夫なのか？　と心配になるほど、簡単かつスピーディにできるのだ。

「囲炉裏暖炉」の煙突工事。インパクトドライバーでアームを取り付ける

試しに使ってみると……

自宅の工事の後半、実際に囲炉裏暖炉（※）の炉を組むために工務店の社長からインパクトドライバーを借りて使ってみた。

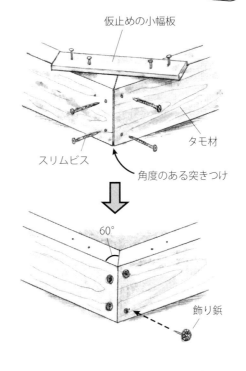

囲炉裏の側板はタモ材（30mm厚）を使って6角形の炉をつくる。角度のある突きつけは正確な裁断が要求されるので、あらかじめ素材屋さんでカットまではお願いしていたが、さてこれをどう施工したらうまくいくか悩みどころだ。やってみたのは上から小幅板を釘打ちで固定して仮組みし、2方向から2本ずつビスを打って止める方法。広葉樹のタモ材は硬い。しかも60度同士の斜め打ちなので、下穴は必須である。スリムビスを使い、左右から交互にじわじわ締めていく。そうしないとツラがずれてしまう（棟梁がその注意を喚起してくれた）。

借りたインパクトドライバーは古い機種で、トリガーの握り具合でトルクを調整せねばならない（無段変速スイッチ／トリガーを深く引けば回転が速くなり、浅く戻せば緩やかになる）。また、途中でバッテリーが低下してパワーが弱まる、というような挙動が見られたが、硬いタモ材を相手に難しい仕事を難なくこなすことができた。

その後、このビスの跡を隠すための飾り鋲（太鼓鋲・トキン鋲）を打つことにしたのだが、手動のキリで予備穴を開けるのに、タモ材の硬さに散々苦労し、ここでいよいよインパクトドライバーを購入すべく、私は高松市にある大型ホームセンターに走ったのであった。

※新発想の薪火装置「囲炉裏暖炉」のいきさつについて詳しくは拙著『「囲炉裏暖炉」のある家づくり』（農文協刊）を参照ください。

ハードケースまで便利

10年以上前に購入したドライバードリルは確か1万円以下だったが、今回のインパクトドライバー「マキタ TD136DRMX」は型落ちのバーゲン品でも3万

円代後半と、4〜5倍高い。だが、使ってみると、それ以上の圧倒的な価値を感じる品物だった。

まず備品から違っていて、収納箱のハードケース（次ページ写真）がとても使いやすい。前のドライバードリルも同じようなハードケースが付いていたが、上下が対称形なので間違ってフタ側を下にして開けてしまい、中に納まっているソケットレンチをばらまいてしまうことがたびたびあった。今回のものはフタ側に大きくロゴが書かれていて間違うことはない。また、フタは二重に開閉できるようになっており、手前の浅いほうにはビット類や頻繁に使うビスなどを格納できる。ケース自体、実用性とデザインが優れている。

私の家の物置兼工房は1階の下屋にあり、実際にDIYの家具類を置くリビングは2階にある。工房ではなく、現場で調整したいという機会がたびたびあり、この機能的なケースのおかげで移動がおっくうでなくなった。

一充電でビス460本──リチウムイオンバッテリ

ケースの中にインパクトドライバー本体と、予備のバッテリ、専用の充電器が格納されている。14.4V[20]、4.0Ah[21]のリチウムイオン電池は、メモリー効果[22]の影響をほとんど受けないので、残量を使いきる必要はなく、いつでも充電ができる（充電は短時間に可能で、約36分でフル充電できる）。自己放電率が低いので長期間ほったらかしにしていてもバッテリが劣化しない（とはいえゆっくりと放電はするし、空になると劣化が早まるので、半年以上放置する場合は満充電にして保管する）。

バッテリは3.0Ahという製品もあり、4.0Ahはやや重くなるが、3.0Ahに比べ1.3倍ほど長く使えるという。メーカーによれば1充電あたりの作業量（目安）は、φ4.3×65mmのビスで460本。私の場合、家中の家具類をほとんどつくり終えた購入半年後に、ようやく電池切れが来たほどである。

ちなみにこの電池は同じメーカーの他の工具類（ディスクグラインダー、充電式カンナ、ジグソー、丸ノコ、掃除機、草刈り機、チェンソーなど）と併用できるようになっている。

強力なトルクと、初心者でも使える調整機能

最初に使っていたドライバードリルのトルクは6.4N·mだった。が、このインパクトドライバーの最大締め付けトルクはなんと165N·m[23]である。25倍以上の開きがある。ドライバードリルの最高機種でもせいぜい30N·m程度であるから、

[20] バッテリ電圧「ボルト」

[21] 電池の放電容量「アンペアアワー」。数字が大きいほど高容量

[22] 継ぎ足し充電により一時的な電圧降下を起こす現象。ニッカド電池やニッケル・水素蓄電池などにみられる

[23] 国際単位系における力のモーメント・トルクの単位「ニュートンメートル」

▶上ぶたはビットやビスの収納スペース

▶内部

充電器

本体

バッテリ

スペアバッテリ

ハードケースと中身

その締め付け能力は圧倒的と言ってよい。かなり長いビスでも十分に打てるということで、これまでのビス打ちのセオリーでは考えられなかった形や組み合わせを可能にする。

一方でその高い能力に振り回されたりもする。軟らかいスギ材などはビスを回し続けると、ビス頭が木材の中にめり込んでしまう。また硬い材の場合はビスの溝をなめてしまったり、ビス本体をねじ切ってしまうことさえある。だから本体に「打撃調整ボタン」が付いている機種は有難い。このトルク調整機能のおかげで初心者でも安心して使えるようになった[24]。もちろん各モードにおいても従来の「トリガーの握り具合でトルクを調整」する機能は変わらない。

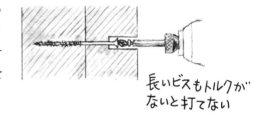

長いビスもトルクがないと打てない

★24 TD136DRMXには3段階トルク調節の他に鉄板ビス専用のモード「テクス用」（穴あけ時・高速回転、締め付け時・打撃＋中速回転）も付いている

狭いところでも高い作業性

ドライバードリルに比べてボディの長さが129㎜と短いのも特徴的である。ドライバードリルの場合、全長が200㎜以上の機種も少なくない。ボディが短いと狭いところでの作業性がよく、ビスを垂直に打つときのふらつきも抑えられる。狭くて暗いところではLEDライトが照らしてくれる機能も便利だ。

プロ仕様なので水や粉じんに対する防御機能が付いている。電動ノコギリと併用するDIYでは部屋に細かなオガクズが舞っていることが多く、これも心強い

仕様である。

さまざまなビットを使いこなす

　ビットとは、インパクトドライバーの先端に差し込んでさまざまな用途の回転機能を伝達する部品である。大きく「ネジ締め用」「穴あけ用」「削り・研磨用」の三つに分かれる。

　ネジ締め用はいわゆる＋（プラス）ドライバー、そしてボルト・ナット用のソケットである。穴あけ用はいわゆるドリルビットである。従来のドリルによる穴あけはインパクトドライバーには向かないといわれ（打撃がかかるとドリルビットが破損することがあるので）、ドライバードリルを推奨する人が多かったが、軟らかいスギ・ヒノキでは打撃までのテンション（摩擦圧）がかかることは少ない。それよりインパクトドライバーを使うことで、穴あけとネジ締めビットの付け替えストレスがなく、このことのほうが重要である。

　削り・研磨用は私はまだ使ったことがないが、ディスクグラインダをもたない人はある程度代用できるだろう。

　「埋め木（共木）錐」も便利である。ビスの頭を隠すときのダボ栓（埋め木）が簡単につくれる（4節で解説）。とにかく、使えるビットの種類は豊富で、これがワンタッチで付け替えられるのが魅力だ。そして、根元が六角軸なので空回りするということがない。

さまざまなビット

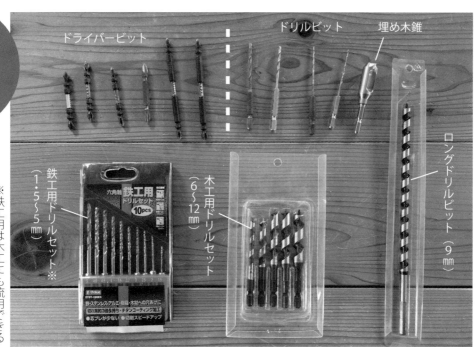

ドライバービット　ドリルビット　埋め木錐

鉄工用ドリルセット（1.5〜5mm）※
木工用ドリルセット（6〜12mm）
ロングドリルビット（9mm）

※鉄工用は木工にも流用できる

Chapter 3
2 ビス打ちの基本動作

ビスの選択と下穴

二つの材をビスで接合するとき、ビスの長さは締めつけたい板の2〜3倍程度を目安にする（例えば締めつける板が20mmの場合、ネジの長さは40〜60mmとなる）。そして、下の材が木口（横断面）である場合はビスの効きが弱いので気持ち長めのものを選ぶ。同じ長さのビスでも太さや材質、色など種類がいろいろある（後述）。太いほうがネジがよく効くが、ビスの直径は下の板の厚みの1/3以下を目安にする。それ以上だと割れる危険がある。

さらにドリルであらかじめ下穴をあけておくと、ビスを正確に打ち込むことができる。板の端にビスを打ちたい

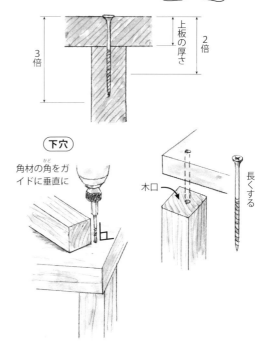

ときは割れやすいので、とくに下穴は必須である。下穴はビスの太さより少しだけ細い（7〜8割）ドリルビットを使い、打ち込むビス長さの半分〜2/3程度の深さを基本に、広葉樹などの硬い材の場合は下穴径を太めに、長さは深めにする。下穴は垂直にあけることが重要だが、自分では垂直と思っても傾いていることが多い。角材の角などをガイドに自分のクセを矯正しておきたい。

皿取りで仕上げをきれいに

ビスの頭はドライバーの力が伝わるように直径より大きくつくられている。下穴をあけていてもビスを打ち終わったときはこのビス頭が出っ張る。インパクトドライバーで強引に打ち込んでビス頭を木材の中に埋め込むこともできるが、頭の周囲にヒビが入ったり割れたりすることがある。これを避けるためあらかじめ頭のぶんだけ木材を掘り込んでおく。これを「皿取り」という。皿取り専用のビット（「面取りカッター」など）も売っているが、軟らかいスギ・ヒノキの場合は

ドライバービットの先端を使って、回転させながら木の表面に押し付けると簡単に皿取りができる。

よく効くビス打ちの基本

さて、このインパクトドライバーを使ったビス打ちの動作だが、ビスに合ったビットを選んで装填し、正回転になっていることを確認して、トルク調節を「中」にしておく。左手の指で目標の位置にビスを立て、ビス頭の十字にビットをしっかり差し込んで、トリガーを引く（左手はビスの首をもつ）。このときビスとビットの軸が一直線になっていることが重要である。ビスの先端がある程度刺さるまでは、トリガーを「ちょん・ちょん」とポンピングしながら打ち込んでいくとよい。

ビスの先端が木に刺さって自立するくらいになったら一度回転を止め、インパクトドライバーのお尻に左手を当て、上から押しながら回していく（慣れないうちは一気に最後まで打ち込まず、ポンピングでやるとよい）。ビスが刺さりきってしまう前に止め、最後に微調整しながらビスの頭を木材のツラに揃える。

ヒノキやマツなどはスギよりも硬いし、スギでも隠れた節に当たることもある。「中」から始めて打撃が始まっても入りが悪いときは、いったん回転を止めて「強」にしてから続行する。

軍手で作業するとビスやビットに巻き込まれる危険があるので、素手でやるか、指先がカットされたものを使用する。

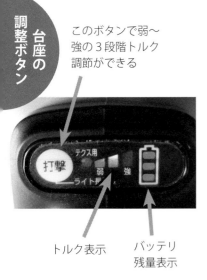

台座の調整ボタン
このボタンで弱〜強の3段階トルク調節ができる
トルク表示
バッテリ残量表示

インパクトドライバーのお尻に左手を当て、押しながら打つ

座掘りで深打ち、ダボ埋め

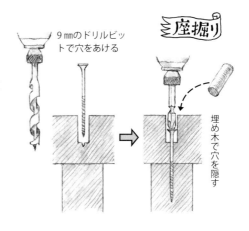

上の材が厚くてビスの長さが届かないとき、ビス頭が沈むようにあらかじめ穴をあけてから深打ちすると接合できる。この穴の加工を「座掘り」という。座掘りの穴が深くなるとふつうのドライバービットでは届かないので、軸の長いビットを使う。座掘りが深くなれば、下穴は浅くなるか下穴をあけられない場合も出てくるが、座掘りの穴自体がガイドの役割をするので垂直がズレることはない。が、ビスへの負荷は当然大きくなるので、トルクを「強」にして左手の押さえをしっかりとかけて打つ。

ビスの深度が深まるほど誘導穴の垂直性が重要になってくる。打ち終わった後には穴が残る。そのままでは目立つので、ダボ（木栓）で埋め木をする（後述）。

斜めに打つ方法

角材同士を垂直に、あるいは厚板に角材を垂直に立てたいとき、裏側からロングビスを打つことで接合できるが、補強として垂直材の側面から下の材に向けて斜め打ちすると、より強固になる。斜め打ちには斜めの下穴をあけておくが、そのときドリルビットは最初直角に立ててわずかに沈ませてから、斜めに方向変えすると先端が滑らない。軟らかいスギ材なら下穴なしでも斜め打ちは可能である。その際もやはり最初にビスを垂直に沈ませてから斜めに方向変えをする。

家づくりで大工は筋交いや窓枠周辺でこの斜め打ちを多用する。垂直打ちよりも斜め打ちのほうが強度があるからだ。ただし斜め打ちは部材がズレる力が働

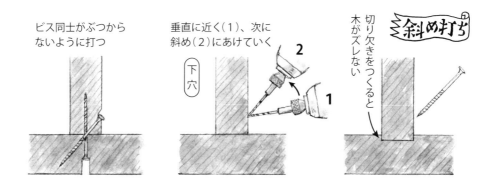

くので、切り欠き（92ページ参照）などで材同士が動かない工夫が必要になる。

ビスを抜くときの注意

間違ってビスを打ってしまったとき、あるいは材が硬すぎてビス頭の溝をなめたり破損したりする危険を感じたときは、トリガーの斜め上についている切り替えレバーで回転を変え、ビスに逆回転を与えれば引き抜くことができる。このとき、回し始めにビス頭をなめやすいので、両手でしっかり保持してテンションをかける。そして抜いたばかりのビスは摩擦熱をもっているので、素手ですぐに触らない。

ビス打ち全体の流れ（まとめ）

▼座掘りしないとき
1）つくりたいものの図面から、素材の「どの位置に」「どのくらいの長さのビスを打つか」を決めて、下穴をあけるポイントをマーキングする。
2）ドリルビットで下穴をあける（ビス径の7~8割、深さはビスの半分～2/3）。
3）ドリルビットを外してドライバービットに付け替える（※）。
4）皿取りをする（下穴にドライバービットを当てて押しながら一瞬回す）。
5）ビスを打ち込む。

※プラスビットを付けたままで、ドリル類をワンタッチで着脱できる「下穴錐（したあなぎり）用ジョイント」も販売されている。

▼座掘りするとき
1）つくりたいものの図面から、素材の「どの位置に」「どのくらいの長さのビスを打つか」を決めて、下穴をあけるポイントをマーキングする。
2）ドリルビットで下穴をあける（ビス径の7~8割、深さは座掘りの底を起点にビスの半分～2/3）。ただし深い座掘りのときは省略。
3）9mmドリルに付け替え、座掘りをする。
4）9mmドリルを外してドライバービットに付け替える。
5）ビスを打ち込む。
6）必要なら埋め木をする。

ビス打ちの基本の流れ

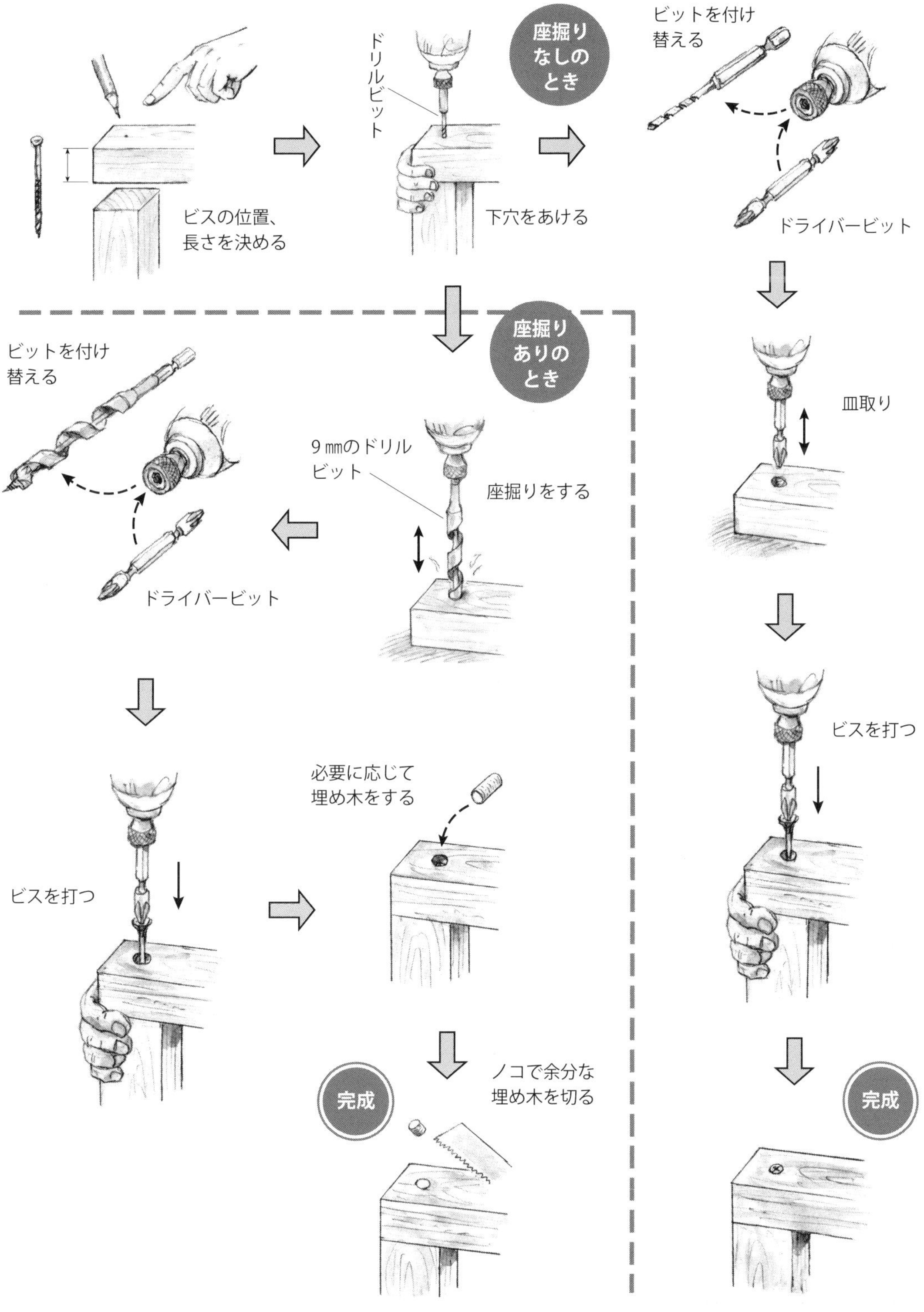

ビスの位置、長さを決める

↓

ドリルビット
下穴をあける

↓

座掘りなしのとき

ビットを付け替える
ドライバービット

↓

皿取り

↓

ビスを打つ

↓

完成

座掘りありのとき

9mmのドリルビット
座掘りをする

↓

ビットを付け替える
ドライバービット

↓

ビスを打つ

↓

必要に応じて埋め木をする

↓

ノコで余分な埋め木を切る

↓

完成

3章 国産材を活かすインパクトドライバー

Chapter 3
3 ビスの種類と使い分け

電動工具専用のビス「コーススレッド」

　現在、厚い木材を使う木工やウッドデッキ、小屋づくりなど、屋外での作業には「コーススレッド」というビスが多く使われる。私がやる家具づくりでも主にこのコーススレッドを用いている。

　「コース」は目が粗いという意味で、「スレッド」がネジ山という意味である。特徴は芯が細く、ネジの螺旋が粗くネジ山が高い。抵抗が少なく打ち込めるわりに締め付ける力が強く、釘の約4倍の保持力をもつといわれている。先端はふつうの木ネジよりも鋭く溝が切られていて、軟らかな材なら下穴をあけずとも打ち込めるようにつくられている。

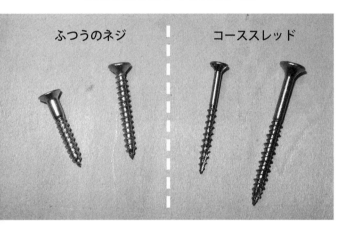

ふつうのネジ　　　コーススレッド

　頭径は8mmのものが多い。材質はステンレス製と鉄製に亜鉛メッキを施したものがある。ステンレス製はやや高価だが、強度と耐久性が高い。亜鉛メッキはクロメート処理[★25]によってさまざまなバリエーションがあるが、コーススレッドは青銀白色、黄金虹色、黒色の3色が一般的である（使い分けは後述）。

★25 六価のクロム酸を主成分とする処理液で表面処理する。耐食性、塗装下地用の密着性、外観（装飾性）向上に有効

半ネジと全ネジを使い分ける

　ネジやコーススレッドには「半ネジ」と「全ネジ」の二つのタイプがある。

　一般には半ネジを使う。半ネジは木材同士を締め付ける力が強い反面、錆びて頭がなくなったときは上部の部材の支持力が弱くなる。一方の全ネジは、上部までネジ山があるのでそんなときも有効に働くが、重ねた木材の両方に引く力が加わるため、す

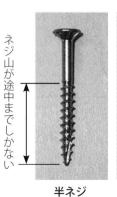
ネジ山が途中までしかない
半ネジ

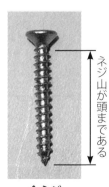
ネジ山が頭まである
全ネジ

き間ができやすい。ネジ先端より頭に近いほうが1回転あたりの引っ張り力が強く、上の材がより強く引っ張られてしまうからだ。これを防ぐには、接合部をクランプで固定するか、あらかじめボンドで接着するという手間がいる（あるいは半ネジで仮止めしておく）。

私はほとんど半ネジを用いているが、L型金物や蝶番を付けるようなときは緊結力の強い全ネジがよい。また野外で雨ざらしになるウッドデッキなども全ネジを併用すると安心だ。

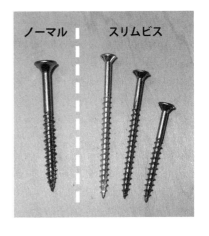

半ネジの場合は下の材を引き上げる力だけが働くが、全ネジは上の材にも引く力が作用するので隙間ができやすい

ビスの頭に近いほうが引き上げ力が強い

下穴不要でも打てるスリムビス

スリムビスはふつうのコーススレッドよりも一回り軸が細い（0.5mmほど）。下穴をあけなくても木材を割らずに締め付けることができるし、厚みのない板の木口に打つときなども有効なビスだ。ビス頭も小さいので目立たない。小型の家具類ならこのビスだけでもつくれるだろう。ただし引き抜き強度はコーススレッドより弱く、値段は若干高めになる。

「裁縫テーブル」（99ページ）▼ 黒ビスを使った作例

黒ビスで頭を意匠的に見せる

ビスの色などどうでもいいと思うかもしれないが、塗装なしで仕上げるとき、ビス頭はけっこう目立つ。好みの問題もあるが、スギ・ヒノキの肌にはシルバーよりも黄金虹色が合う。

また黒いビスはビスの頭をわざとアクセントとして見せたいときに使う。やりすぎるとうるさくなるが、効果的に用いると作品が引き立つ。

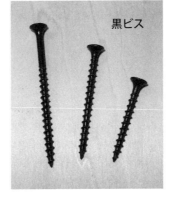

3章　国産材を活かすインパクトドライバー

頭の断面のちがい「ラッパ」と「フレキ」

　同じビスでも頭の形状が違うものがある。下図のようにビスの頭部分が緩やかなカーブになっているのがラッパで、直線的な三角断面で皿頭の下面にヒダが付いているものがフレキである。この2種類はビスが材料に対して沈みやすいかどうかという観点でつくられている。すなわち、ラッパのほうが沈みにくく、フレキのほうが沈みやすい。

　家づくりの現場では石膏ボードを多用するので、ラッパを用いると石膏ボードの表面の紙を破らずにきれいに止まるのだ（直線的な三角断面の皿頭だと、めり込んでしまう）。フレキはフレキシブルボード（硬質ボード）用のビスで、下面のヒダが硬質ボードに対して削りながら入るため、硬いボードでも皿が浮かずにきれいに納まる。

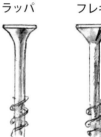

　木工の場合は、皿取りをするのが基本だからどちらでもいい。皿取りせず、効率重視の仕事の場合は、軟らかい木材ならラッパビス、硬い木ならフレキビスと使い分けるとよい。

万能ビス（内装ビス）

　同じコーススレッドでも「万能ビス（内装ビス）」という商品もある。高いネジ山と低いネジ山が交互に回る二条構造のネジ部になっており、先端には溝が切ってある。これで木材に錐揉みしながら入っていくので、ふつうのコーススレッドより木割れしにくく、硬い材でも入れやすい。しかも2条のネジ山は角度を60度と40度に変えて切っているので、保持力が強く、何に使用しても対応できるため「万能」と冠されている。ただし軟らかい木だとネジが空回り

しやすいし、値段も割高だ。スギ・ヒノキ材ではふつうのコーススレッドで十分である。

丸頭のビス

　丸頭のビスは上部の材がごく薄い場合に用いる。ワッシャー（座金）を使用するとよりしっかり締めることができる。

丸頭ビスの使用例

Chapter 3
4 ビットの種類と使い分け

もっともよく使う2番プラスビット

ネジ締め用ビットはいわゆるプラスドライバーだが、これには小さい順に1番、2番、3番と、三つサイズがある。一般にもっとも多く使われるのは2番だ。たまに小さいネジを使うこともあるので1番ももっておくとよい（ビスの箱や袋のラベルには、適合ビットが2番か1番かが書かれている）。3番は家具づく

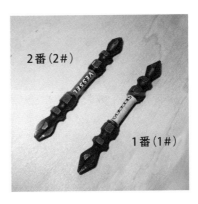

りなどではほとんど使うことがない。マイナスドライバーが必要なビスは現在製造されていないが、昔の家具には使われており、それらを解体するときには必要になる。手動のマイナスドライバーはノミ代わりに使うこともあるので1本もっておくといい。

ドライバービットは消耗品

インパクトドライバーは打撃に強い力がかかるので、ビットの先端はやがて変形して滑りやすくなる。もっと硬い材質を使えばよいのに……と思うかもしれないが、硬いものを使えば今度はビスの頭がなめられる。だからこれは消耗品と考えて、スペアを用意しておく。

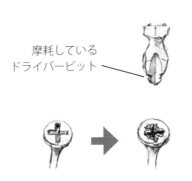

ドライバービットが摩耗しているとネジ頭をなめやすい

装着した長いビット

ビットの長さ

　ふだんは短いビット（65mm）でいいが、座掘りで深打ちする場合には、短いものではビスの頭に届かなくなる。長い（11mm）ビットを一つもっておくとよい。

プラスビットの相棒、下穴用のドリルビット

　下穴はビスの太さの7〜8割くらいの大きさが望ましい。それを目安にドリルビットを選ぶ。コーススレッドは長さに応じた太さになっていて、短いものなら径3.3mm、長いものなら径3.8mm。前者なら径2.5mm、後者なら径2.8mmのドリルを使う。これとスリムビス用に径2.0mmをもっておくとよい。金属用のドリルも木材の穴あけに使うことができる。仕上がりは木工用に劣るが、廉価なセットを一つもっておくと、折れたり紛失したときのスペアに便利である。

揃えたいドリルサイズ

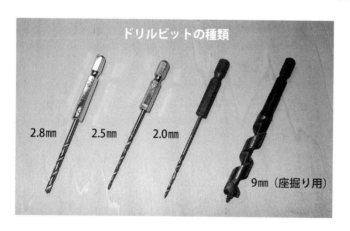

ドリルビットの種類　2.8mm　2.5mm　2.0mm　9mm（座掘り用）

ドリルは使い続けると痩せていきやがて折れる

ビス頭をつぶしたりビスが折れたときの対処法

　ドライバービットを空回りさせてビスの頭をなめてしまい、逆回転させても空転する状況になったら、もうドライバービットでは対処できない。頭が折れてしまったときも同様である。まだ浮いている状態ならペンチで軸をつかみ、逆回転の方向に回して抜く。それでも動かない場合、あるいはすでに木の面まで打ち込んだときに折れて、ペンチを挟む余地がない場合はどうしたらよいか？

　太いボルトの場合はエキストラクタービットという特殊なビットを使う手がある。折れた軸のセンターに金属用ドリルで掘り込みを入れ、そこにエキストラクタービットをカナヅチで打ち込み、しっかりくわえたらビット

エキストラクタービット

の軸をインパクトドライバーに取り付け、逆回転させると浮き上がってくる。

　細いビスの場合は、金属用のドリルビットでビスの周囲を掘り、ペンチを挟み込む余地をつくって対処する。こんなときのために金属用のドリルをもっておくと便利だ。

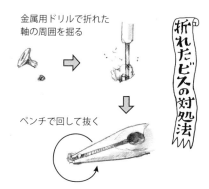

ビス頭を美しく隠す「埋め木（共木）錐」

　先に座掘り穴を埋め木で隠す方法を示したが、深打ちは必要ないけれど、ダボ埋めでビス頭を隠したい場合もある。たとえば肌が触れる機会が多い天板や床などである。その場合は10mmほど座掘りしてビス頭を埋め込み、そこに埋め木をするといい。

　埋め木はふつうの丸棒や市販のダボ栓でやると木口が表に出て、拭き掃除するたびに汚れて黒く目立つようになる。だから、埋め木材はできれば同じ材で、かつ同じ方向（断面）でつくりたい。それを可能にするのが「埋め木（共木）錐」ビットである。このビットを使って20mmくらいのダボをつくり、ボンドで埋め込んで、乾いたら出張った部分をノコで切りノミで仕上げる。木目の方向も揃えると、埋め木したこともわからないほどに仕上がる。

▶埋め木錐ビット

▶埋め木作例「壁付け違い棚」（114ページ）

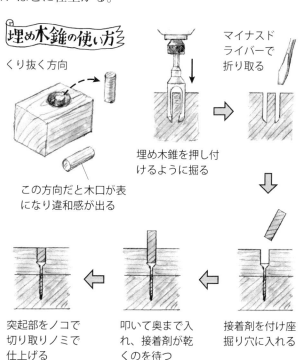

ビスとクギの使い分け──クギはどんなときに使うのか？

ビスがあまりにも便利なために、現在ではクギの出番は少なくなった。それでも細かな材を打ち付けるときなどは、小さなクギを使えばすっきりまとめられる。また、クギは抜いたとき木材に対するダメージが小さいので、仮打ちにもよく使う。

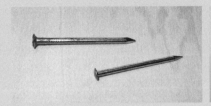

クギ（上）と真鍮クギ（下）

◀ 頭の違い

頭の丸い真鍮クギは外観が美しく、黒ビスと同じく装飾用として使ったり、錆にも強いので野外の工作にも使える。が、材質は軟らかいので打つときに曲がりやすく、硬い材には適さない。スギに打つ際も下穴をあけるぐらいの慎重さがないと失敗しやすい。

クギと真鍮クギ作例「電磁波避け小箱」（p.129）

つぶしクギ

クギ打ちの技法の一つとして「つぶしクギ」という手法も覚えておくとよい。クギの頭を金床に置いて（もう一つのカナヅチの頭に置いてもよい）ハンマーでつぶし、それを木に打ち込む。最後まで打ち込む直前につぶした頭の方向をペンチで木目方向に揃え、カナヅチの丸いほう、または「釘締め」で仕上げる。こうするとクギの頭を木材の中にめり込ませることができ、クギの存在を隠すことができる。雑巾掛けをしてもクギが掛かることがない。

古民家改装に用いたつぶしクギ

隠しクギ

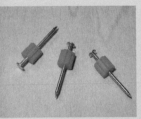

▶ 隠しクギ作例「板脚のテーブル」97ページ

クギ頭を隠すには、頭の部分がわざと折れるように加工された「隠しクギ」という製品も売られている。短く細いクギなので、薄い材にしか使えないが、木工用ボンドと併用することで丈夫さが期待できる。頭に色の付いた樹脂が付いていて、この樹脂がつぶれるくらいまでカナヅチで打つ。その後、この樹脂をカナヅチで横殴りするとクギ頭がこの樹脂とともに折れ、芯の跡だけが残る。頭を折るタイミングはボンドが乾いてからがよく、スギ・ヒノキの場合はカナヅチの横殴りでは材に傷が付きやすいので、樹脂の頭はペンチで折る。

4章 インパクトドライバーとともに使いたい道具

――使い方の基本とコツ、刃の研ぎ方ほか

少々クセのある木材同士でも、インパクトドライバーがあればなんなく接合できる。しかし、その先の木工の世界には、伝統的な木工道具が欠かせない。ここではより美しく、より強固なものに仕上げるための道具を見ていこう。インパクトドライバーの威力を活かすために、重要かつ必須なのがこの章。

焦らず、地道に精進するのじゃ。

Chapter 4

1 墨付けのための道具

　木材で工作を始める前に、材料を寸法通りに加工しなければならない。そのために目印を付けることを「墨付け」という。正確な墨付けが木工のスタートとなる。それに用いる道具を紹介する。

メジャー類

　スチール製の巻き尺（コンベックスとも呼ぶ）がよく使われる。断面が少し湾曲しているので、引き出したときに剛性が生じて使いやすい。メジャーを使うとき先端を「押し付ける」と「引っ張る」の2種類の使い方をするが、先端部分（ツメ）が動くようになっていて、どちらの使い方でもツメの厚み分の誤差が出ないように考えられている。天井からの高さを測る場合など、厚み（幅）のある製品のほうがブレずに安定して計れる。またロック機能の付いたものが便利である。

巻き戻しボタン
引き出したまま止まるロック機能

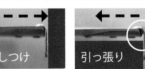
可動式のツメで誤差が解消される仕組みになっている

直線定規（直尺）

　アルミ製の1mの直線定規は長い直線を引くのに便利である（これ以上長い場合は墨つぼを使う）。カッターのガイドにも使える。収納時に立てかけたり、放置して上に重いものが載ると曲がりやすいので、フックでぶら下げて保管する。

差し金（指矩）

　差し金は目盛が付いているL字型の定規で、木工にはなくてはならない道具である。L型の長いほうを長手、短いほうを妻手と呼ぶ。使い方によって3分割や、直角だけでなく、45度の角度の線を墨付けすることもできる。通常は表にセンチ表示、裏にはセンチ表示と別にそれぞれ「丸目」と「角目」と呼ばれる目盛が付いている。いずれも丸材（円の直径）に当てることで別の数値を出せ

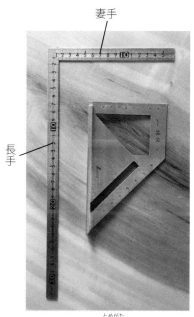

差し金(左)と止型スコヤ(右)

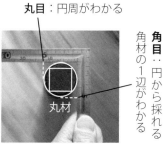

丸目:円周がわかる
角目:円から採れる角材の1辺長がわかる
裏側の使い方

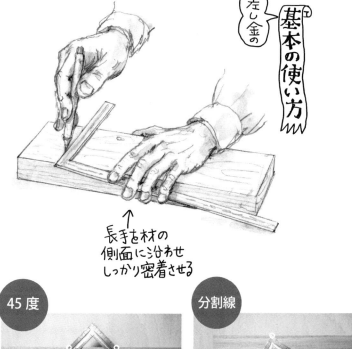

45度 妻手・長手の同じ目盛りを端に合わせれば45度の線が出せる

分割線 3分割できる長さを両端に合わせれば3等分の線が出せる

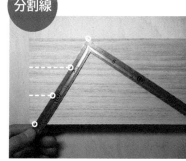

る目盛りで、丸目は円周が、角目はその円で採れる角材の1辺長がわかる。サイズは大中小いろいろあるが、木工では30×15cmが使いやすい。断面形状は板状でなく、真ん中が凹んでいるものが狂いにくい。

スコヤ（square）

差し金と同じく直角が計れて目盛りのついた道具だが、スコヤはL型の短辺が直方体で、その中に長手をはめ込むようにしてつくられている。それを木端に当てれば差し金のように定規が浮くことがなく、より正確に直角線を引くことができる。また、切り落とした材の直角を調べるときも便利である。スコヤは自立するので高さの直角も調べやすい。上写真(右)の「止型スコヤ」は直角だけでなく45度を正確に墨付けできる。

スコヤは片側が直方体

4章 インパクトドライバーとともに使いたい道具

墨つぼ

　墨を染ませた糸を伸ばし、その糸をはじいて直線を木材に転写する道具で、定規が届かない長い距離の墨付けに用いる。昔はケヤキ材などで彫刻の施されたものが使われていたが、現在はプラスチック製のコンパクトなものが主流である。使わない時間が長いとタンクの中の墨が乾いてくるので、そのつど墨汁を補給する。墨汁に水気が足りないと転写ができず、多すぎると滲みの原因になるので適切な状態の墨汁を使う。

　使い方：墨付けしたい材の両端にポイントを打つ。墨つぼの先端部分の「カルコ」と呼ばれる針を取り外し、上部のポイントに刺して固定する。次にカルコを刺したままの状態で糸を出しながら墨つぼを下部のポイントまで引っ張る。下部のポイントで糸を押さえ、もう一方の手で糸をつまみ上げて離すと墨線が写される。墨糸を材の表面に押し当てるガイド機構が備わっている製品もある。糸が緩んだり、つまみ上げる方向がブレていたりすると正確な直線にならない。合板などで練習してコツをつかむとよいだろう。

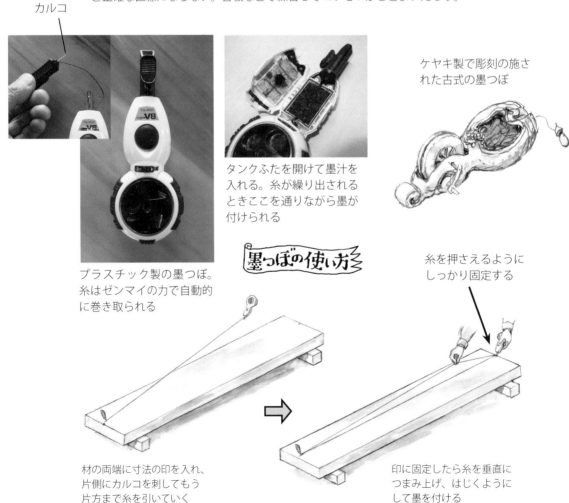

カルコ

タンクふたを開けて墨汁を入れる。糸が繰り出されるときここを通りながら墨が付けられる

ケヤキ製で彫刻の施された古式の墨つぼ

プラスチック製の墨つぼ。糸はゼンマイの力で自動的に巻き取られる

墨つぼの使い方

糸を押さえるようにしっかり固定する

材の両端に寸法の印を入れ、片側にカルコを刺してもう片方まで糸を引いていく

印に固定したら糸を垂直につまみ上げ、はじくようにして墨を付ける

ケビキ（罫引き）

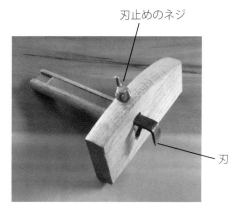

刃止めのネジ

刃

材に墨線を付ける際、鉛筆や墨つぼではなく、小さな刃によって平行な線を印す道具である。幅をネジで固定できるようになっているので、同じ材にいくつか同じ加工を施すとき、正確に転写できる。

定規板が滑る面は平らである必要がある。刃物の線のため、鉛筆よりも正確な線が引きやすく、薄れることがない。木目の凹凸でザラザラした木口に鉛筆線を引くのでは不正確で、ケビキの刃物による線のほうが心強い。ホゾや欠き込みをつくるときなどはこのケビキのほうが便利だ。定規でケビキのような鋭い線を引きたいときは「しらがき」という道具があるが、これは切り出し小刀やカッターでも代用できる。

刃が二つあるケビキはふだんは一つの刃だけで使えるが、二つを同時に使えば、ホゾ穴をけびくのに便利である。

ケビキは刃物なので、3mm程度の板ならケビキそのもので材を切断することも可能である。その際は刃が木目をまたぐとき誤誘導されない注意が必要だ。1回で切ろうとせず、3回くらいに分けて切るようにする。

使い方：刃物止めのネジを緩めて寸法通りに刃をセットする。定規面がブレないように押し付けながら、引くようにして傷を付けていく。このとき最初から力を入れて1回で引こうとせず、最初は軽く引いて、2回目にしっかり力をかけるとよい。このほうが木目に引っ張られてズレる危険が少ない。

ケビキの使い方

例：角材に欠き込みを入れるとき

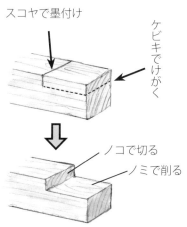

スコヤで墨付け
ケビキでけがく
ノコで切る
ノミで削る

ケビキの線は一見繊細だが、食い込みがあるのでノミで削る際の正確な目標となる。写真は三本脚のミニテーブル（作例 p.93）の欠き込みをつくっているところ

4章　インパクトドライバーとともに使いたい道具

Chapter 4

2 割り・ハツりの道具

クサビ（楔）

木工の材料にクサビを使うことはないが、1章に書いたようにスギ・ヒノキは丸太で入手する機会もあると思うので、割って粗採りしたり厚板を採るためのクサビを紹介しておこう。

クサビは木こりが木を切り倒すために使うものもあり（外観は黄色いプラスティック製）、それは追い口に横に打ち込んで木を傾かせるために使う。ここで紹介するクサビは木を割るための金属製のもので、金矢（木割金矢）と呼び、あるいは薪割りクサビとして商品化されているものである。

最低2本はもっておく必要がある。1本が刺さったまま抜けないとき、もう1本で開いてやると抜ける。長い材を割りたいときはもう1本あると心強いが、ケヤキやカシなど硬い木を使ってつくることもできる（下図）。

長く使っていると打撃部が写真のようにささくれてくるので、ここで怪我しないように注意する（使い方は1章19ページ参照）。

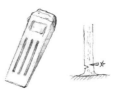

伐倒用のクサビ

薪割り専用でひねりが入ったもの

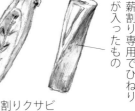

割りクサビ

◀クサビのささくれ

カシの木のクサビ

カシなどの硬木の太枝や小丸太があれば、それでクサビがつくれる

クサビや薪割りマサカリなどで半割りにする

凸部をナタやヨキで削り、先端が薄くなるようテーパーをつける

上部に針金などを巻いて締めておくと打撃面が割れにくい

ナタ・オノ（ヨキ）（鉈・斧）

ナタ・オノ（ヨキ）は薪割りの道具だけにするのはもったいない。慣れれば素材の粗採りに大変便利だし、電動ノコギリのような騒音もない。またその刃物による不定形なカット痕をそのまま生かしても面白いのである。既製品や昨今のDIY作品には絶対に見ることがないテクスチャーが斬新に映る。

材料を縦割りするだけならナタでいいが、ナタの背中は軟鉄なので上からハンマーで叩くとへこんでしまう。オノ（ヨキ）は背中に鋼鉄が付けられているものが多く、上から叩けるようになっている。また、背中でものを叩くこともできる

素材に刃を当てながら削っていく「ハツり」という作業はナタでは難しく、オノ（ヨキ）でないとできない。コツはまず自分の腕力に見合った重量のオノ（ヨキ）を手に入れること。重いほうが削り取る力は大きいが、持ち重りして疲れるし、コントロールが効きにくい。小さすぎると刃が食い込まず削るのに時間がかかる。私が主に使うのは高知の西山商会（※）のヨキ（吉野斧）「土佐清龍」で全長39cm、刃長9cm、刃450g、柄250g、総重量700gのものである（上写真右、入手先下）。

オノ（ヨキ） 入手先は下 ▼
ナタ（両刃）

ナタ・オノ（ヨキ）は自分で研ぎながら使えば大変長もちする。写真の2本は筆者が森林ボランティア時代からすでに20年以上使っているもの

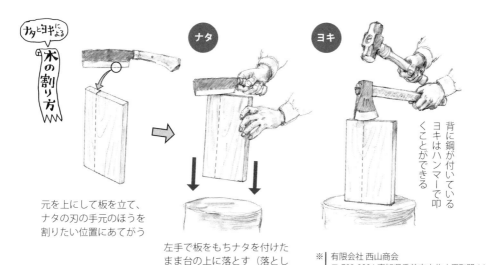

ナタとヨキによる木の割り方

ナタ　ヨキ

元を上にして板を立て、ナタの刃の手元のほうを割りたい位置にあてがう

左手で板をもちナタを付けたまま台の上に落とす（落とした瞬間ナタにも力を入れる）

背に鋼が付いているヨキはハンマーで叩くことができる

※ 有限会社 西山商会
〒782-0004 高知県香美市土佐山田町間163番地
TEL：0887-53-4181　FAX：0887-52-0286
http://www.nishiyama-shokai.com
ヨキ（吉野斧）／商品番号2114

使い方：削る材を地面に立てて左手で保持し、右手にもったヨキを上から振り下ろす。当然ながら、左手は打つ場所よりも上に置く。そしてしっかり押さえることが重要である。刃物は1回でハツろうとせず、最初に深打ちし、2打目にそのバリを取るような気持ちで、2回に分けてリズムをつけるとよい。

逆目になったら上下を返して逆側から打つ。節の周辺では必ず逆目になるのでマメに上下を返さねばならない。逆目で深彫りすると見た目が悪いし凹凸が激しくなって取り返しがつかなくなる。なるべくバリを出さないように、滑らかな擦痕が連続するように打つ。かといって慎重に弱々しく打ったのではきれいな波目ができない。大胆さと思い切りも必要なのであって、それが雄渾で美しい「ハツリ」の表情を生む。

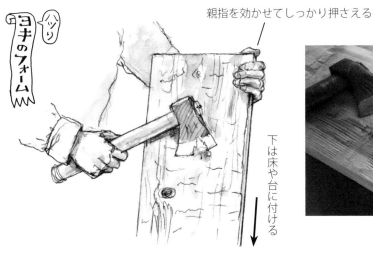

親指を効かせてしっかり押さえる

下は床や台に付ける

節の下は逆目になり深く裂けやすい

チョウナ（釿）

長い丸太や幅広の板をハツるときは、片手オノでは届きにくい面が出てくる。そのときはチョウナを1本もっておくと便利である。チョウナはかつて大工の三種の神器の一つといわれたほど重要な道具であった（他の二つは墨つぼと指矩）。湾曲した柄に直角に刃が取り付けられた斧の一

チョウナの刃は丸太の荒削りに向く「東型」と、板削りに向く「ハマグリ刃（京型）」がある。写真は東型

種で、古代から材料の表面加工や荒い仕上げにも広く用いられてきた。

ハツリはいわば原始的な製材技術だが、室町後期〜安土・桃山時代の茶の湯の文化において、床柱などにその削り痕をデザイン的に取り込むことがおきた。粗

野なものだと見なされていたハツリ痕を「造形」として昇華させたのだ。以後、名栗(なぐり)仕上げとも呼ばれ、現在でも数寄屋建築、和風建築だけでなく、モダンな建物にも新たな位置を与えられ、使われている。

チョウナを使うときは材を寝かせて、その材をまたぐように構え、股の間に刃を振るようにすると危険がない（材が動きにくいように押さえを工夫する）。削り方は刃を立てるのではなくて、鋭角に打ち込んで刃の背中の面で材を叩くような感じで振り抜く。うまくいくとバリが残らず滑らかで連続したハツリ模様ができる。

チョウナの曲がった柄は一般にエンジュでつくられる。新品はほとんどつくられておらず、あったとしても高額なので、古道具屋や骨董市、あるいはネットオークションで入手するとよい。

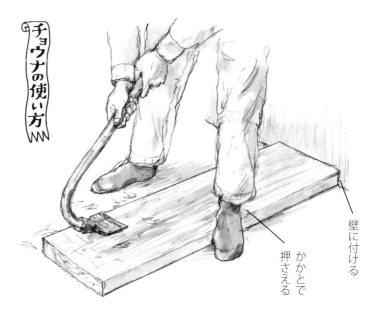
チョウナの使い方
かかとで押さえる
壁に付ける

臼くりチョウナ

片手サイズの特殊なチョウナに「臼くりチョウナ」がある。刳物(くりもの)をつくるとき、とくに大型の臼を彫るときに欠かせない道具である。臼は木口を彫り進むため、上から打ち下ろすノミでは逆目になってしまう（135ページ参照）。このチョウナを使えば下からしゃくるように仕上げていくことができる。

※ 安養寺屋
〒912-0015 福井県大野市中挾3-1304
TEL&FAX：0779-66-2921
http://hamono-anyoujiya.sakura.ne.jp

福井県の打ち刃物「安養寺屋(※)」で入手した新品の臼くりチョウナ

ケヤキ丸太から臼を彫り出す。チェーンソーと手オノで粗彫りし、最後は四方反りガンナで仕上げる

Chapter 4

3 ノコギリとその使い方

替え刃式ノコが便利

ノコギリは電動の丸ノコやジグソーが多く使われるようになったが、手ノコも必要である。電動ノコは騒音がするうえにオガクズの粉塵が舞うので工房でしか使えないが、手ノコなら新聞紙などを敷けばリビングでも使える。木工用の細かな目のノコギリは、素人では目立てが難しいので、替刃式ノコギリが便利である。

◀ 替え刃式ノコ

★26 細い鋸刃を上下させて切断する電動ノコの一種。本書では紹介しないが曲線切りや切り抜きに便利である

縦挽きと横挽き

刃の種類に「縦挽き」用と「横挽き」用がある。それぞれ刃の付き方と大きさが違う。木目と平行に切るときは縦挽きを、直角に切るときは横挽きを使う。一枚のブレードの上下に縦引きと横引きが付いているものを一つもっておき、頻繁に使う横引き用を別に1本もっておくとよい。

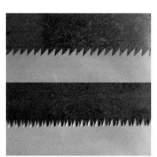

◀ 縦挽き
◀ 横挽き

アサリのあるなし

ノコギリの刃が交互に外側に曲がっているその出張りを「アサリ」という。このおかげでブレードの幅より若干太めに切り進んでいくので、材料とノコギリの接触抵抗が少なくなるわけだ。また、木くずも外に排出しやすくなる。アサリのないノコギリもある。ビス頭を隠した埋め木を切断するとき、材の表面をアサリで傷付けることがないので便利である。

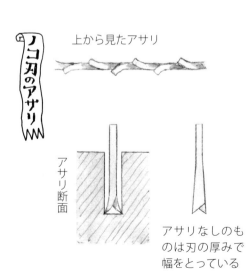

ノコ刃のアサリ
上から見たアサリ
アサリ断面
アサリなしのものは刃の厚みで幅をとっている

手ノコで正確に切るコツ

ノコギリは垂直方向にまっすぐ引くのが基本である。左右にブレるとブレードが木材に挟まって動かなくなる。引くときに切れるように刃ができているので、そのように力を入れ、長いストロークで引くとムダがなく早く切れる。

切るべき墨線に対して正確に刃を入れる最初が肝腎で、初めに正確に切断面がつくれればその溝自体がガイドになり、正確に切ることができる。途中でオガクズが墨線を覆っていくので、息を吹きかけて飛ばし、線を確認しながらノコをコントロールする。

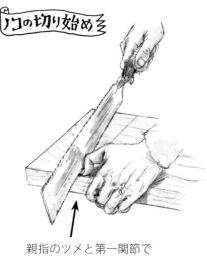

親指のツメと第一関節でガイドをつくる

手順としては、切るべき木材を台の上に置いたら左足で材を押さえ、墨線のキワに左手の親指のツメを立ててノコを当て、押しながら溝をつくる。いきなり引く力をかけてしまうとブレてしまう。

切り終わりに近づくとノコの音が変わるのがわかる。そのまま同じように挽き続けると切り材が落ちるとき材が欠けたりするので、左手で押さえておき（あるいは下すれすれに受け台を置く）、小刻みに慎重に切り終える。

何も支えを置かないと、切り終える前に自重で折れてバリが残る

もう一方の手で支えながら切り終える

材が長い場合は受け台を置く

空きがすれすれになるよう、板などを載せて調節する

補助器具を使って切る（ノコ引き定規ほか）

切り口をきれいに垂直にするにはガイドを使う手がある。「ノコ引き定規」という製品が市販されているが、垂直面にマグネットが仕込まれていてノコがブレない工夫がしてある。正確に垂直が出ている木材があれば、それ自体をガイドにしてもいい。マグネットシートを貼ればさらによい（ただしアサリなしのノコギリでないとマグネットシートが傷付いて摩耗しやすい）。

ノコ引き定規▼
マグネット

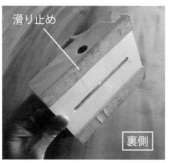
滑り止め
裏側

角材にマグネットシートを貼った自作補助器具

墨線のどちら側を切るか？

ノコギリでもう一つ重要なのは「墨線のどちら側を切るか」である。ノコギリにはアサリの幅だけ「切りしろ」ができる。だから墨線の中央でカットすると、ほんのわずかだが寸法より短い材料になってしまう。切断面をサンドペーパーで仕上げる工程を加えるならさらに寸が詰まる。使うべき材料がカットする左側（足を載せている側）なら、墨線の右側を切るべきなのだ。さらにヒントを加えておくと、人は左右どちらかが「利き目」になっている。自分の利き目を確かめて、ノコギリのブレードの真上に利き目を置くようにすると正確さが増す。

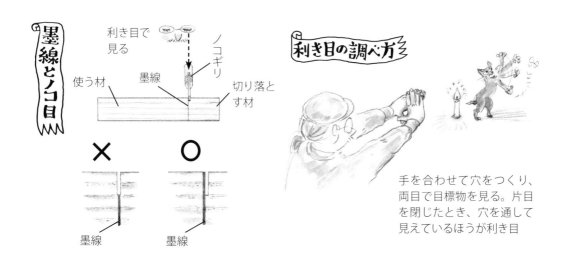

手を合わせて穴をつくり、両目で目標物を見る。片目を閉じたとき、穴を通して見えているほうが利き目

Chapter 4
4 電動ノコギリ（丸ノコ）の使い方

作業台をつくる

長い材を切るとき、たくさんの材料をまとめて処理したいとき、電動ノコギリ（丸ノコ）はまことに便利なものである。しかし、かなり危険な道具でもあるので、十分注意して使いたい。丸ノコを安全に使うには、作業台があったほうがいい。作業台は間柱材を脚にインパクトドライバーでつくる作例が106ページにあるが、コンパネ（構造用合板）1枚を使って簡単につくる方法もある。作業台をつくる前にまずこの簡易作業台を準備しよう。

刃径は190mmと165mm（写真）が主流

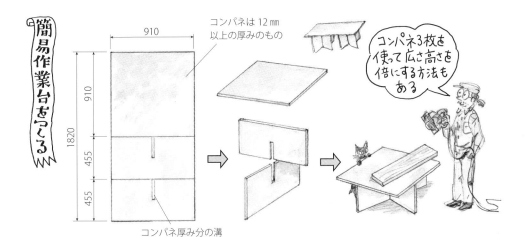

ベースの角度と深さをチェック

購入したとき木工用の丸ノコ刃（チップソー）が装塡（そうてん）されているはずだが、使う前に必ず丸ノコ刃とベースの直角を確かめ、ずれていればナットを緩めて微調整して直角に戻す。そして切るべき材料の厚みに応じてベースの位置を動かし、刃の切り込み深さを調整する。このときはコンセントはまだ入れてはいけない。

ベースを下げると切り込み深さは浅くなり、上げると深くなるが、チップソーが材料下面から3mmほど出るくらいを目安に調整する。

4章　インパクトドライバーとともに使いたい道具　71

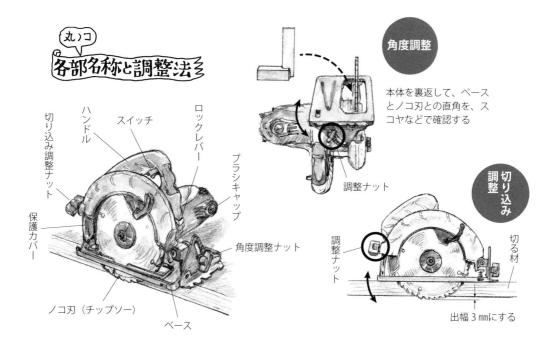

コンセントは切る直前に差し込む

各セッティング中にはコンセントを抜いておき、切る直前にコンセントを入れるクセをつける。電源コードは丸ノコの動きが制限されないように、丸ノコ本体の後ろ側に流す。

服装にも注意

刃に巻き込まれることを防ぐため、髪の毛・首掛けタオル・袖口などに注意する。軍手は使わず、素手もしくは手に密着する革手袋を使う。作業中、オガクズの粉塵が舞うので、マスク・ゴーグル等を着用する。

キックバックに注意する

丸ノコの事故のなかでもっとも怖いのが「キックバック」である。回転している刃が材料にひっかかったり圧迫されたりすると、その瞬間に反発力が生じて丸ノコ本体や材料が跳ね上がるのだ。これをキックバックと呼ぶ。正しい使い方を

すればキックバックは起きないが、万一のために丸ノコの刃のラインに身体を置かないことが大切だ。キックバックの原因は次のようなことが考えられる。

1）刃が浮いたり傾いたりしたとき……対策▶ベースを材料に密着させ、しっかりハンドルを保持する。ただし必要以上に押し付けない。
2）刃の進行方向が曲がったとき……対策▶ガイドを使って進路がブレないようにする。斜めにこじらないようにする。
3）刃の出しろが多すぎたとき……対策▶材料の厚みに応じてベース位置を正確にセッティングする。
4）切り落ち材が傾いたとき……対策▶切り落ち材が動かないように、受け材（厚さ9mm以上の合板など）を下に置き一緒に切断するようにする。あるいは切り落ち材の下部すれすれ（2〜3mmの隙間）に受け台を置く。

また内部に硬い節が隠れているとき、刃の回転に抵抗がかかるようになる。このときもムリに押したりするとキックバックを起こす危険がある。ゆっくり切り進むことである。

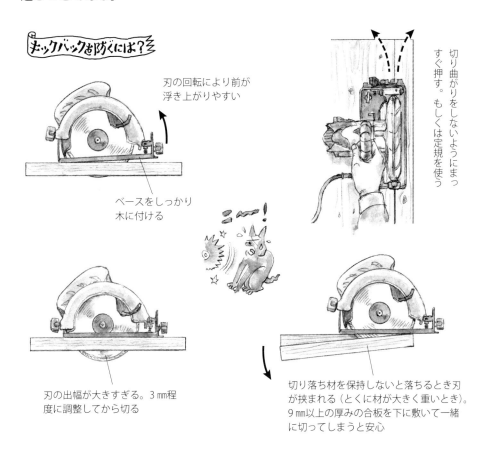

合板でつくる丸ノコ定規

　丸ノコでガイド・定規なしに正確な直線を切るのはけっこう難しい。ガイドはさまざまなものが市販されており、丸ノコを購入すると「丸ノコガイド定規」が付いてくるのでそれを使ってもいいが、この定規はガイド部が当たるところがまっすぐな直線で、直角でなければならないし、材に対して並行にしかカットできない。簡単な道具で、墨線に沿って正確に切る方法はないものだろうか？

　2枚の合板を組み合わせてビス止めし、上の板に沿わせて丸ノコで下の板を切ると直線切りのガイドができる。本棚などの組み物は直角と正確な寸法がもっとも重要なので誤差は0.5mm以下にしたいが、このガイドがあれば墨線に沿ってかなり正確に切ることができる。

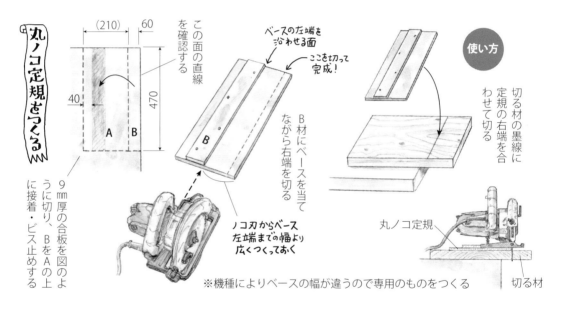

長い材のときは息継ぎを

　一気に切ることができない長い板を切る場合には、途中で丸ノコの回転を止め、材料を引き寄せてからまた切ることになる。この息継ぎのとき材料に刃先を当てた状態でスイッチを入れてはいけない（キックバックを起こしやすい）。切り始めの少し手前に刃を置いてからスイッチを入れ、空転させてから、ゆっくり続きを切るようにする。

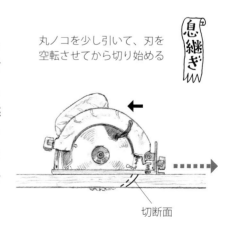

Chapter 4

5 削るための道具

カンナ（鉋）

カンナは素人がもっとも敬遠したがる道具だ。確かにこの道具の最高の性能を発揮させようとしたら、とても素人の手に負えるものではない。が、ものを正確に平らに削るのに、やはりこれほど便利な道具もないのであって、ぜひとも平ガンナの大小1〜2台（寸六か寸四、小ガンナ）はもっておきたい。

私が主にカンナを使うのは以下の用途においてである。

★27 寸六は身幅65㎜、寸四は60㎜。小ガンナは身幅48㎜くらいが使いよい

▶小ガンナ（上）と寸四（下）

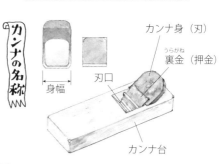

カンナの名称：身幅、刃口、カンナ身（刃）、裏金（押金）、カンナ台

1）製材されたままの荒材を仕上げ材にするために表面を滑らかにする。
2）ハツリの擦痕の凹凸がありすぎるときの修正。
3）板材や角材などの厚み、断面寸法を修正したいとき。
4）面取り。

曲面を削るのに一つもっておくと便利なのが、反ガンナだ。私は囲炉裏部屋をつくるとき囲炉裏の炉縁（木枠）曲がり部に床材を突き付けるときに使った（写真下右）。スギ厚板の木口をカーブに合わせて削るのは丸ノミでやるとグズグズになるが、四方反ガンナでやるととてもうまくいった。また、臼やサラダボールなど刳物の仕上げに欠かせない。イスの座面を凹ませたいときにも使う。

四方反ガンナ

囲炉裏の炉縁（耳付き一枚板）／スギ・フローリング材

▶四方反りガンナ使用例

4章　インパクトドライバーとともに使いたい道具

刃の調整：カンナ身（カンナの刃）は木槌やゲンノウで叩いて入れていくが、裏金があれば一緒に差し込んでお互いを交互に入れていく。刃を引っ込めるとき、抜くときはカンナ台の台頭（だいがしら）の部分を叩く。台の面に対して刃先が平行に出ているようにする。ズレている場合はカンナ頭の左右を叩いて調整する。

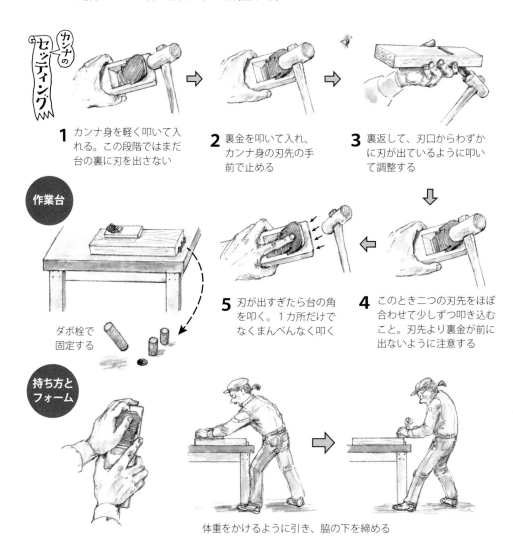

カンナのセッティング

1 カンナ身を軽く叩いて入れる。この段階ではまだ台の裏に刃を出さない

2 裏金を叩いて入れ、カンナ身の刃先の手前で止める

3 裏返して、刃口からわずかに刃が出ているように叩いて調整する

4 このとき二つの刃先をほぼ合わせて少しずつ叩き込むこと。刃先より裏金が前に出ないように注意する

5 刃が出すぎたら台の角を叩く。1カ所だけでなくまんべんなく叩く

作業台

ダボ栓で固定する

持ち方とフォーム

体重をかけるように引き、脇の下を締める

使い方：削りたいものを台の上に置き、カンナ台の重さを利用して引きながら削っていく。カンナは材の上を滑らせて、途中で止めずに引き抜いてしまうフォームが無理なくラクなので、クランプなどで材を止めるとその動きが阻害される。そこで作業台にダボ栓などの突起をつけてそれに引っ掛けるようにするとよい。板の端を滑らかに削りたいときは、材を立てて上からカンナを引き下ろす。これもカンナの自重を利用するやり方である。

　逆目になってもきれいに削れるように、カンナにはふつう「裏金」というものが付いている。が、それでも逆目で材が引っ掛かることがある。そのときは無理しないで、材を180度回転させ反対側から削る。

カンナ台の直し方：台は硬いカシの木でできているが、使い続けると下端に微妙な凹凸が出てくるので平らに直さねばならない。厚ガラス板の上に #80～#120 のサンドペーパーを貼り付け（ノリ付きロールペーパーが市販されている）、その上で台を擦って修正する。このとき刃は抜かず、下端から 1mm くらい引っ込めて擦る（刃を抜いて擦ると、刃を入れたとき刃の周辺の木が膨らんで変形するため）。実用範囲内でカンナを使うにはこれで十分だが、さらに「台直しガンナ」で調整するのがベストである。

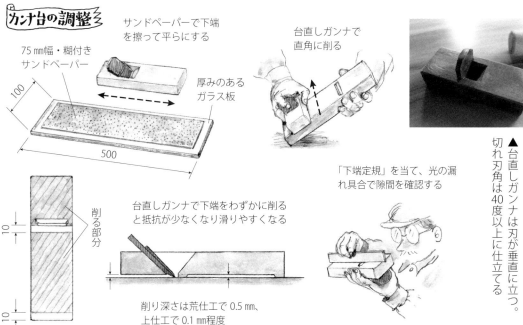

▲ 台直しガンナは刃が垂直に立つ。切れ刃角は 40 度以上に仕立てる

裏金：逆目でもきれいに削れるように仕込むもう 1 枚の刃である。カンナ身の裏に刃先ぎりぎりに（裏金はカンナ刃の刃先を超えないこと、そのズレは 0.5mm 以下、仕上げのとき 0.2mm 程度）、二つの刃の面がぴたりと合うように仕込む。刃先は図のように二段に研ぐ。

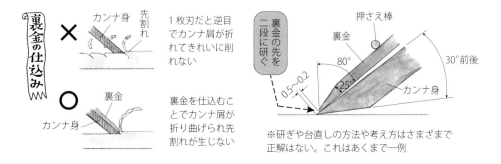

※研ぎや台直しの方法や考え方はさまざまで正解はない。これはあくまで一例

※ **YouTube**「富山大学 研究資料用ビデオ（講師：小松研治）」にカンナのセッティング・研ぎ・使用法などのシリーズが多数公開されている。とくに 6 パートに分かれた「鉋台のセッティングとメンテナンス」（2015）https://youtu.be/oM8rcHMC53U は必見の価値あり。8 パート分かれた「鉋刃を研ぐ 大切な補足編」（2016）はさらに詳しく解説されている。

ノミ（鑿）

次章で詳しく解説するが、インパクトドライバーで材と材を接合するとき、あらかじめ欠き込みをつくると強固になる。その加工に欠かせないのが、ノミ（追い入れノミ）。もちろんホゾで組むときもノミはなくてはならない。

大小何本かもっておく。もっとも頻繁に使うのは8分（刃幅24㎜）だが、その上下のタイプも必要に応じて揃えていくとよい。

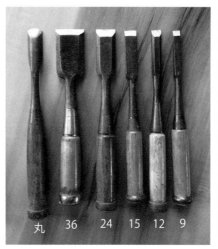

◀丸ノミ（左）と追い入れノミ（数字は刃幅）

ノミの柄の叩く部分に付いている金属のリング「カツラ」は、柄の割れ防止の役目をもっている。しかし、買ったままの状態では調整ができていない。そのままゲンノウで叩くとカツラが潰れてきてグラグラし始める。

そこでいったんカツラを外して柄のほうを少し削り、カツラを入れ直して少し柄の奥に送り込むようにする。そして、カツラからわずかに（2㎜くらい）出た柄の角をゲンノウで叩いて木部がカツラにかぶさる感じに仕上げる。これでノミを打つときは柄の木部を打つことになりカツラがきちんと役目を果たす。

もしカツラが叩かれてひしゃげていたら、その部分をヤスリで削って柄に入るようにする。カツラを入れる前に木殺し★28をして、入れたら柄の出っ張り部分をいちど水に濡らすと、仕上げの叩き潰しがやりやすい。

★28 木を叩いて圧縮すること。ホゾなどはこれで組みやすくなり、後に木の復元力によってホゾが膨らんで接合力が強化される。

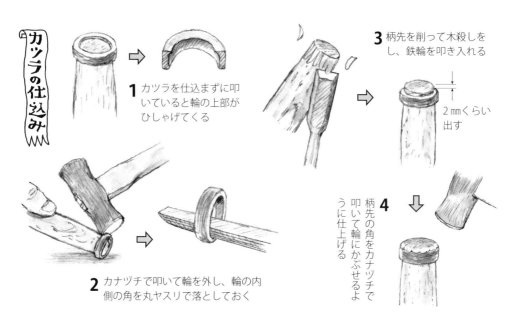

カツラの仕込み

1 カツラを仕込まずに叩いていると輪の上部がひしゃげてくる

2 カナヅチで叩いて輪を外し、輪の内側の角を丸ヤスリで落としておく

3 柄先を削って木殺しをし、鉄輪を叩き入れる
2㎜くらい出す

4 柄先の角をカナヅチで叩いて輪にかぶせるように仕上げる

使い方：左手で柄を握り、刃先を目的の場所にあてがい、右手でゲンノウを振り下ろして打つ。ゲンノウの平らな打撃面のほうを使う。左腕のひじは上げ気味に保っておくとブレない。保持している柄がブレたり、柄の軸に対して垂直に振り下ろせないと、もち手を打って痛い目にあう。しかし叩くときに柄頭のところばかり目がいくようではいい仕事ができない。しっかりと刃先を見て、正しく打ち込まれているか確認するのが大事だ。硬く刺さったノミを抜くときは刃幅の方向に振幅させるとよい。刃と直角方向にこじると刃が欠けるので注意する。

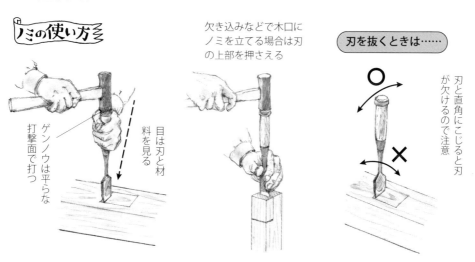

刃の裏と表を使い分ける：ホゾ穴をあけるときは刃裏を垂直に当てがって叩いていくが、いきなり墨線ぎわを削らず、2mmほど内側に寄せて叩き始める。そして叩いた垂直溝に向かって斜めにノミを入れていく。そのときは刃裏を上に向けて使う。

凸部のホゾの仕上げ：刃表を上にして手で押して水平を出していく。そのときまっすぐ押し出すだけでなく、扇形に振りながら押してやるとよく削れるし、水平が出しやすい。凸部のキワにバリが残りやすいが、角の基部に切っ先をあてがい、強く押しながら引き切るとよい。

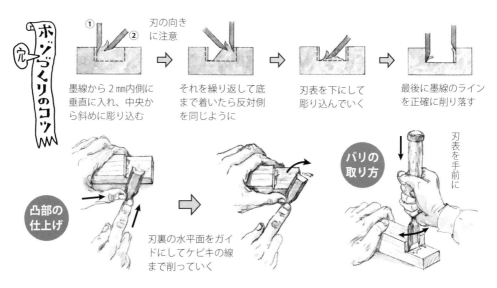

切り出し小刀

良質の小刀を1本もっておくと何かと便利である。小さな部位の細かな作業においては、カンナやノミより小刀が使いやすいときがある。やはりノミのように水平を出しながら切ることもでき、面取りなどもこれでできる。先端の鋭さを維持するために刃を欠かないように使うことが大事である。

▶切出し小刀(左)と、各種彫刻刀

鉛筆をナイフで削る動作を思い出してもらえばわかるとおり、角材を丸く仕上げるときなどにも使いやすい。ペーパーナイフやカトラリー(ナイフ・スプーンなど食器)など小物づくりにも欠かせない。さらに細かい細工には彫刻刀をもっておくとよい。

鞘(さや)付きのものが安全だが、なければスギ材でつくるといい。

使い方：カンナやノミよりも自由度が高いぶん怪我をしやすい。削るときは刃が流れる方向に左手を置かないこと。左手は刃物の手前に置き、親指で小刀の背を押しながらサポートすると安全だし、刃物がブレない。片刃で平滑な裏面をもっているために、裏面をガイドにして扇形に動かし、平面を削り出すこともできる。ハツリの凹凸面の修正などにも便利だ。刃先を欠かないためには、小刀をこじらないことである。

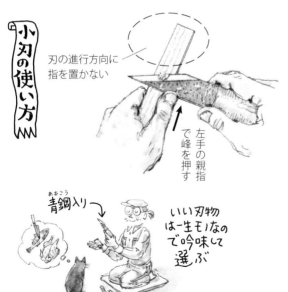

小刀の握り手に麻縄を巻き、スギ材で鞘を自作した例

Chapter 4

6 叩くための道具

カナヅチ・ゲンノウ（金槌・玄翁）

打撃面の反対側が細くなっているものがカナヅチ。打撃面に重心があるので正確に打ちやすい。反対側の細く尖った部分はクギ締めにも使える。カナヅチの細いほうにクギ抜きが付いているものもある。

打撃面の反対側がそのまま対称形の太さで、やや丸まった面（木殺し面）をもつのがゲンノウだ。ゲンノウは重量があるのでノミを打つのにも使える。丸くなったほうは、ホゾの木殺しにも使うことから「木殺し面」と呼ばれるが、クギ打ちの仕上げに頭を沈めるとき、この面を使うと木に打撃傷が付かない。

クギ打ちは案外難しく、細く短いクギを大きなゲンノウで打つと失敗しやすい。大は小を兼ねないのだ。中小のゲンノウ２本、それに極小のクギを打つためのカナヅチが１本あるといい。また、できればカンナ刃の調整用に木槌を一つもっておくと、台を傷めない。

打撃面

木殺し面

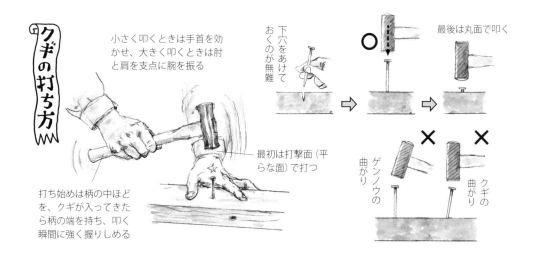

4章　インパクトドライバーとともに使いたい道具

クギ抜きとバール

クギを抜きたいとき、クギ抜きという専用の道具を使う。L字型で、その両端に尖った頭と割り込みが細工されている。そこにクギの頭を入れてテコの原理で引き抜く。

頭が完全に打たれてクギ抜きが入る隙間がないときは、小バールとも呼ばれる小さなクギ抜きの長手のほうをクギ頭の付け根に向かって押し込み、短手の頭をカナヅチで叩いてクギ頭にめり込ませる。あとはテコの要領で引き抜けるが、途中で短手のほうに切り替えたほうが力が入り、抜きしろも大きくてラクだ。

太く大きなクギの場合は、小バールで頭を出した後、大きめのバールで引き抜く。大きいバールは解体作業に大活躍する便利な道具である。頭はハンマー代わりにもなり、長手の先端は先割れがなく平たくなっており、隙間に差し込んでこじれば強力なテコ圧をかけられる。これに短手のテコを組み合わせて工夫すれば、破損を最小限に解体することができる。

大バール（全長750mm）

クギ抜き（小バール）
（全長280mm）

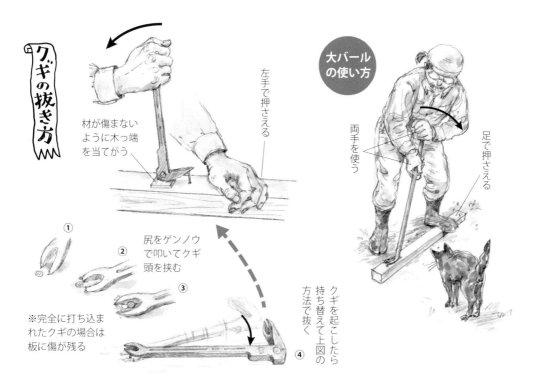

Chapter 4

7 その他の道具

水準器

机や棚類の水平を見るのに1台もっておくと便利。写真は全長30cmで水平・垂直だけでなく、45度の水準もとれる機種。

▶水準器

水泡

液体が入った円形ガラスの気泡の位置で見る

接着剤

木工用ボンド、木に金属を接着するときの専用接着剤、瞬間接着剤の3種類があるといい。

▶接着剤各種

ダボとマーキングピン

厚板同士をくっつけて大きな板にしたいとき、ただ接着剤を付けるのではなくて、中にダボ栓を入れるとより強固に接着できる。木製ダボと、ダボ穴を合わせるためのマーキングピンをもっておくと便利である。

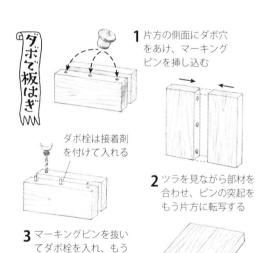

ダボで板はぎ

1. 片方の側面にダボ穴をあけ、マーキングピンを挿し込む
2. ツラを見ながら部材を合わせ、ピンの突起をもう片方に転写する
3. マーキングピンを抜いてダボ栓を入れ、もう片方の突起跡を目印にドリルで穴をあける

ダボ栓は接着剤を付けて入れる

4. 側面にも接着剤を付け、ダボ栓を穴に合わせて完成

市販のダボ（径8mm、左）とマーキングピン

4章 インパクトドライバーとともに使いたい道具

刃物の基本的な研ぎ方、砥石の選び方

どんなときに研ぐか？

DIYで使う刃物はカンナ刃、ノミ、切り出し小刀だが、いい刃物をもっていても、研ぎができなければ宝の持ち腐れである。研ぎは平面を保持した質のよい砥石と、刃がグラつかないフォームが大切。どんなふうになったときに研ぐか？ 切れ味が落ちたなと思ったら、そのときに研ぐ。切れない刃物はきれいな仕事ができないし効率も落ちる。変に力を入れてしまい、かえって危険でもある。

砥石の種類と準備

砥石は荒砥、中砥石、仕上げ砥石の3種類をもっておく。#の番号が小さい順から大きな順に細かくなる、目安は荒砥石#80～#500、中砥石#700～#1000、仕上げ砥石#3000～#8000である。砥石はいいものはそれなりの値段はするが、研ぎ上がりの早さや切れ味が違う。そして保ちもいいので、結局お得である。参考までに私が使っているのは、写真左から、荒砥「ベストン#500」・中砥「ベスター#1000」（2006年購入）。仕上げ砥「北山#8000」（2008年購入／名倉砥石付き）である。砥石はそれぞれ十分に水に浸してから使う。しばらくは小さな泡が出るが、その泡が出なくなったらOKだ。

研ぐのには砥石の安定が重要なので、砥石のサイズに合う砥石台をスギ材でつくるとよい。砥石の作業位置は肘より少し下で、へそ辺りがよい（私の家の台所は高さが85cmでちょうどいい位置になり、都合がよい）。

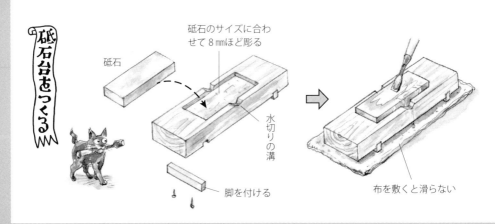

研ぎのメカニズム

　肉眼で見てはっきり確認できる刃こぼれがあるときは荒砥石から始めるが、ふつうは中砥石からでよい。もち方はカンナ刃、ノミ、切り出し小刀、それぞれ形、重さが違うので、それぞれである。

　砥石は全面を使うようにしないと真ん中がへこんできて正確に研げなくなる。ただし長いストロークをやると刃の角度を保持しにくいので、小刻みにかつ全面を使うように研ぐ。

　とくに欠けた部分は上から力を入れて研ぐようにし、最終的に裏側のカエリ（バリ）が全面に出るまで研ぐ。カエリは刃物が角度的に研ぎ終わった、という合図である。ただし荒砥なので表面はザラザラしている。だからさらに細かい砥石で表面の傷を磨いていき、最後に仕上げ砥石で裏返してカエリをとる。これが研ぎの基本的なメカニズムである。

研ぎ汁と水

砥石面はつねに水があるようにする。研いでいる最中に砥石が乾きそうになったら水を与える。研いでいると刃物と砥石の水が濁って泥のようになってくる。この研ぎ汁（砥糞、砥泥とも）は削れた砥石粒と削れた包丁の金属粒子で、仕上げ砥石の場合はこの研ぎ汁を活かして練るように研ぐと、より細かい粒子で磨かれることになり、仕上がりが美しくなる。荒砥・中砥の場合は研ぎ汁は洗い流してつねに新しい砥石面で研いだほうが効率がよい。ただし中砥で角度が決まったら、仕上げに渡す前に面を磨いておきたい。そのときは研ぎ汁を残して研ぐ。

仕上げ砥石は水分が少なくなると目詰まりをおこしやすい。すると表面が黒くなり滑るようになる。北山 #8000 には付属品「名倉砥石」が付いていて、これで砥石面を研磨すると復活する。

▶ 中砥石で研ぎ汁が出た状態

仕上げ砥に名倉砥石をかける

砥石の修正

研ぎ終わったら砥石自体も削れるので必ず中央がへこんでいる。そのままた次回に使うと正確な刃がつかない。だから面直し用の砥石を使って平らになるまで削っておく。面直しの砥石がなくても仕上げ砥石は中砥石の裏側を使って、中砥石は荒砥石の裏側を使って摺り合わせれば直せる。荒砥はコンクリートのブロックやたたきの上で削る。

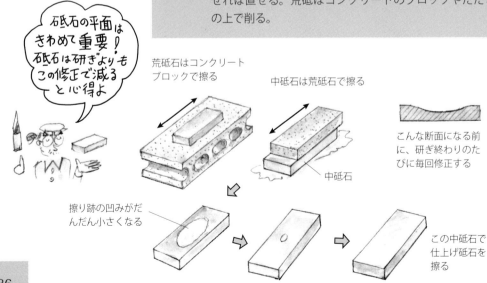

砥石の平面はきわめて重要！砥石は研ぎよりもこの修正で減ると心得よ

荒砥石はコンクリートブロックで擦る

中砥石は荒砥石で擦る

こんな断面になる前に、研ぎ終わりのたびに毎回修正する

擦り跡の凹みがだんだん小さくなる

この中砥石で仕上げ砥石を擦る

5章 国産材でつくる木工の実際
——規格材で木目やテクスチャーを活かす作例集

強力なインパクトドライバーの接合力と、欠き込みを併用することで、新たな木工の世界が拓けてくる。試行錯誤を経てアイデアを結実させ、木のぬくもりが部屋中に増えていくのは愉しいものだ。私の作例を参考に、ぜひ自分のカタチを見つけていただきたい。

大胆な発想で、細部は繊細に。

Chapter 5

1 図面・パースを描く

木工作の前に、簡単な図面を描いて細部を確認し、各部材の長さを出しておくとよい。立体的なパース(透視図)が描けるとよりリアルなイメージがつかめるからだ。ただしパースや図面だけから大きさを決めるのではなく、実際に使う木材を手にとって、寸法を体感しておくことも大切だ。

図面はあくまで自分で製作するためのメモのようなものだから、第三者がその図面を理解して製作できるほどの精度はいらないが、基本的な描き方を覚えておくと便利だ。最近はCAD(キャド)[★29]などを使ってパソコンで図面を描く人も増えたが、ここでは私の手描きの方法を紹介する。

★29 コンピュータによる設計支援ツール

立体スケッチ(イメージパース)を描く

まず構想図として簡単な立体スケッチを描いてみよう。完成作品を思い浮かべながら、やや斜め上から見た感じで描くと立体的なリアルさが出る。結果的には透視図法で描いているわけだが、消失点がどうのこうのという難しいことは考えなくてよい。多少歪んでいても、イメージを紙に定着させることが大切だ。

材料はコピー用紙のような白い紙で、三角定規を使って鉛筆かシャープペンシルで描く。濃さはHBがいい。何度も消したり書いたりしながら線を加えていくので、消しゴムも大切。ふつうの消しゴムのほかに、細部を消しやすいペンシル型(ノック式)のものと、デッサン用の練り消しゴムがあると便利だ。消したい線だけを的確に消す「字消し板」や、同じ長さを転写するのに便利な「デバイダー」も一つあるといい。

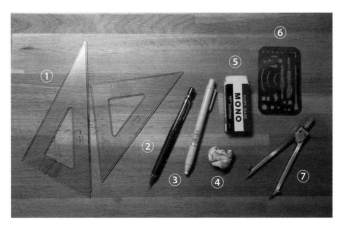

私がよく使っているスケッチと製図の道具

左から、①三角定規(45度と60度のもの)、②シャープペンシル(0.5mm HB)、③ノック式消しゴム、④練り消しゴム、⑤消しゴム、⑥字消し板、⑦デバイダー

線が決まったら、影を付けていくとより立体感が出る。左上に光源があると想定して、鉛筆をやや横に寝かせてハッチング（平行線）などで影を描く。影がうまく付くとより形が明瞭に浮かび上がる。

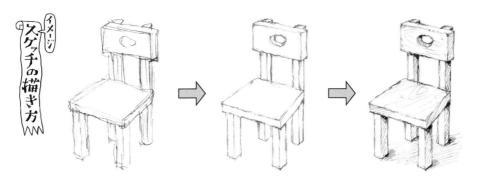

1 複数の線でぼんやりとした輪郭を描いていく

2 余分な線を消し、正確な線を残してフォルムを固める

3 影や木目を入れてリアルさを出す

図面起こしの基本、投影図法と三角スケール

この立体のスケッチに寸法線を入れてもいいが、さらに正確さを増すには図面に描いたほうがいい。図面を描くことで新たなアイデアが生まれたり、より合理的な解決法を発見することがある。

描き方としては、製図で用いられる正投影図法の一つに倣って、平面図と正面図を縦に並べ、側面図を正面図の両側に配置するとよい。上下左右すべての面を書く必要はなく、必要十分な図で構成する。

図面は原寸で描くと大きすぎるので、何割か縮小して描きたいが、そのとき便利なのが三角スケールである。断面が正三角形で三つの面にそれぞれ二つ、全部

三角スケールは長さが30cm、縮尺は1/100、1/200、1/300、1/400、1/500、1/600。長さ15cmサイズも市販されているが、図面を引くにはやはり30cmが便利である

で6種類の縮尺目盛りが付いている。

　A4のコピー用紙1枚の中に、つくりたいものの投影図が収まるように、三角スケールにより自分で縮尺を決め、その目盛りで寸法を落としていく。適当に描いた部材も後から三角スケールで採寸できる。

定規、筆記用具の使い方

　ドラフターなど一般の製図道具を使えばつねに水平・垂直の線が得られるが、ここではそこまで求めない。机の上に紙を置き、二つの三角定規を使って線を引いていく。ただこれだと水平・垂直がずれやすい。そこで基準となる水平線を一つ決めておき、その線をベースにして新たな線を追加していくようにすると、誤差は少なくできる。

イスの図面を描く

イスの脚など同じ寸法のものはデバイダーで転写していく

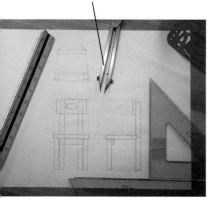

スケール1/6で書いているところ。完成図は▶

字消し板と消しゴムで不要な線を消していく

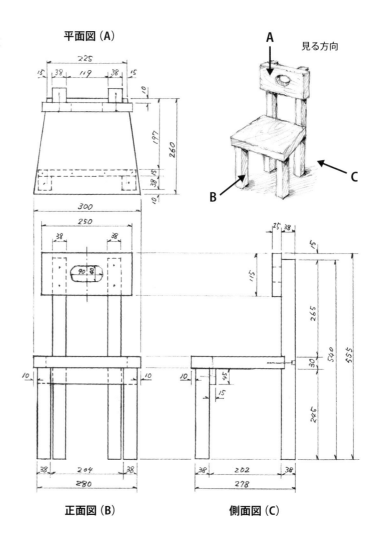

平面図（A）

正面図（B）　側面図（C）

定規への筆記具の当て方だが、定規のエッジに対して筆記具の先を垂直に、進行方向に対してはやや寝かせて描くのがよい。このデリケートな定規と筆記具の関係と線の引き方は、木材料への墨付けでも役立つのでしっかり身に付けよう。

線、寸法線の取り決め

工作物の外形線は太い実線（0.5mm）で描き、引き出し線や寸法線はより細い線（0.2mm）で描く。各部や各部材の寸法は、自分でわかればいいのだからメモ書き程度でもいいが、やはり途中でわからなくならないように寸法線を引いて矢印で示し、その上に数字を書いておいたほうが間違いがない（左ページ図）。

線を書き分けるには、太さや濃さの違う鉛筆やシャーペンにそのつど持ち替えてもいいが、慣れれば1本の鉛筆やシャーペンでも書き分けられる。細い線を維持しながら一定の長さを描くには、鉛筆やシャーペンの先を回しながら引くとよい。

その他、図面にはいろいろ細かなルールがあるが、奥に隠れていて実際は見えていない「隠れ線」は破線で描き、中心線は1点鎖線で描く。これぐらいを覚えておけばよい。

図面の線の種類と描き方

————————	太い実線	外形線
————————	細い実線	寸法線
- - - - - - - -	破線	隠れ線
—-—-—-—-—	細い一点鎖線	中心線

数量（部材の長さ・本数等）を出す

図面が完成したら、そこから製作物に必要な部材と本数を拾っていく。そしてその部材をどの材料から切り出したらムダがないかを検討する。このときビスの位置や長さ、種類、本数なども確かめておくとよいだろう。

イスの数量表 （　）内は個数

木材	座面　30×300×260 mm（1）スギ 背板　25×250×115 mm（1）スギ	脚（前）38×38×245 mm（2）スギ 脚（後）38×38×540 mm（2）スギ 補強板　15×280×45 mm（1）スギ
ビス 金物	コーススレッド 70 mm（4）、60 mm（4）、45 mm（4）	L型金物（2）＋専用ビス

5章　国産材でつくる木工の実際

Chapter 5

制作実例集 2 テーブルをつくる

　初めてインパクトドライバーを手にしてまずつくりたいものといえば、やはりテーブルではないだろうか。テーブルほど実用的なものはないし、それ一つで部屋の中の雰囲気をがらりと変えてしまうほど重要な家具だ。

　この項ではわが家で実作したテーブルづくりを通して、インパクトドライバーによる強固な接合の仕方と、そのバリエーションを学んでいただき、読者の方がそれを独自に活かせるようにしてみたい。

インパクト木工の基本──欠き込みとビス止めでホゾ組みの効果

　インパクトドライバーは強力なビス打ちができ、しかも長いビスを打ち込めるので、突き付けだけでも結構がっちり締まる。が、さらに欠き込みをつくることでより強固な結合ができる。昔はホゾ組みでしかできなかったことが、インパクトドライバーで可能になったのだ。ホゾ組みはノミの使い方に高度なテクニックが必要だが、欠き込み程度ならちょっと慣れれば誰でもできる。そのとき重要なのは、脚を軸方向に正確に直角に切ることと、欠き込み面の水平である。

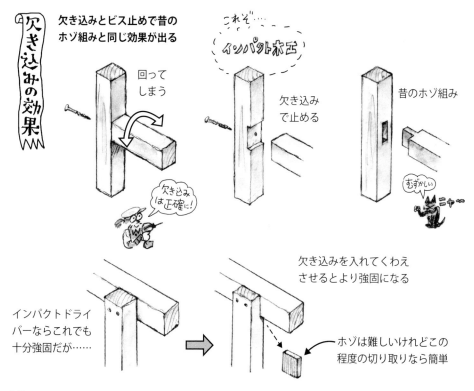

作例1 ミニテーブル

愛用する小さな箱火鉢（次ページ写真と110ページ参照）のためにつくったミニサイズのサイドテーブル。天板は35mm厚で木目が緻密な美しい天然スギの端切れ（階段をつくったときの「踏み板」を切った残り）。脚に用いたのは38mm角のベイヒバ（階段や天井の構造補助材）だが、ヒノキがあればそれを使いたい。3本脚だとがたつきがなく、あぐらのとき膝が入るスペースができる。脚の止め方は上から長ビス1本をねじ込むという究極の単純さ。ビスの頭は埋め木で隠す。

筆者のブログ「囲炉裏暖炉のある家」(http://iroridanro.net) のメニュー「木工作品集」の目次から、この本に載せたすべての作品の制作過程を見ることができます。スマホの方は各ページのQRコードからご覧ください

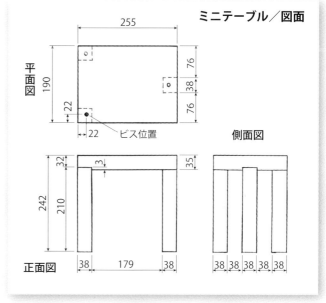

Point

3mmの欠き込みはケビキを使って墨付けし、ノミでさらう。このときいきなり深彫りせず、ある程度彫れたら両角をケビキ線ぎりぎりまで削っておき、そこを目安にノミの裏側を使って全体を平らに均していく（4章79ページ下図／凸部のホゾの仕上げ、参照）。

組み立て図

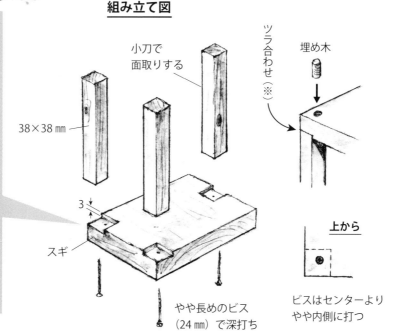

※ツラ合わせ：部材同士の面を揃え、段差なく仕上げること

5章 国産材でつくる木工の実際 93

ミニテーブル 制作過程と使用例

深さ10mmの座掘り

ノミで欠き込み

脚の取り付け　　埋め木処理

子どもイス（111ページ）
箱火鉢
ミニテーブル

宴会で使う

三つあると3人で鍋が囲める

皆で大鍋を囲むときの3本脚ミニテーブルと鍋台のセット

こんな使い方も、ひっくり返して3本脚の上に干しザルを乗せ、乾燥台に

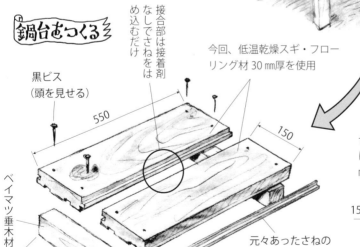

鍋台をつくる

接合部は接着剤なしでさねをはめ込むだけ

黒ビス（頭を見せる）

ベイマツ垂木材

550　150　270　60　45

今回、低温乾燥スギ・フローリング材30mm厚を使用

元々あったさねの凸部を切り落とす

iroridanro.net/?p=23730

台座と天板はツラ合わせにせず、それぞれ5mm・15mm程度のちり（※）を取る

15　5

※ちり‥部材同士の段差

Point

ツラ合わせにするか？　ちりをとるか？……ツラを合わせればシャープに見える。ちりをとると段差の影ができ、ゆるぎない軸線が生まれる。ここは好みで使い分ける。

作例2 大テーブル

大テーブルの脚はしっかりと固定したい。欠き込みにさらにL字金物を併用することで補強した例を二つ。L型金物にはその穴に見合った小型のビスを用いる。また、ビスが脚の左右から挟み撃ちになる場合は、L型金物側のビスと干渉しないように、欠き込み側のビス位置を考慮する。

iroridanro.net/?p=4599

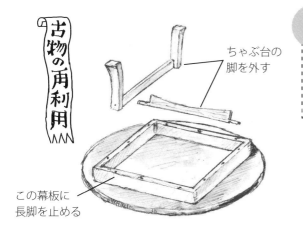

■作例2-1「丸テーブル」：昭和のちゃぶ台の脚を解体、新たに角材の長脚を付けてダイニングテーブルにしたもの。丸テーブルの脚はスギの角材をヨキでハツって角を取り、荒々しいハツリ痕を残したまま丸脚に仕上げてある。

Point
脚上部の切断面と欠き込みを正確な直角・水平面に仕上げる。硬木へのビス打ちに誘導穴は必須。幕板には座掘りもしておく。

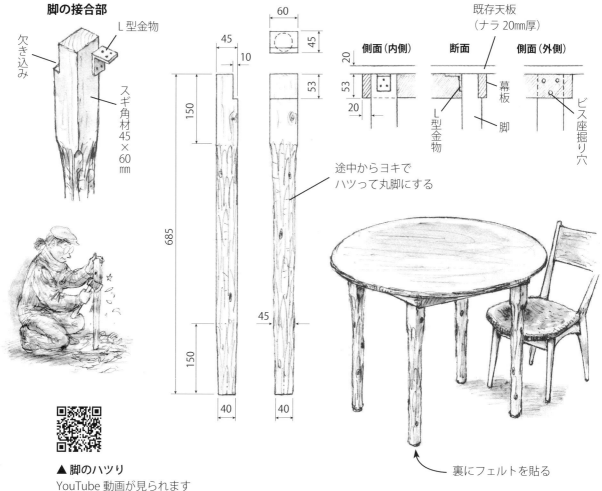

▲脚のハツリ
YouTube動画が見られます
youtu.be/gbs5pac8mlc

5章　国産材でつくる木工の実際

■**作例 2-2「菱形テーブル」**：耳つき一枚板（床の間の床板に用いたトチノキ一枚板の端切れ）に垂木材を脚にしてサイドテーブルにした。端切れは平行四辺形だが、正方形に切ってしまうと面積が減るのでそのまま使った。反り止め（幕板）に脚を左右交互に取り付けることで視覚的な「斜め感」が和らぐ。

一枚板を使いきる

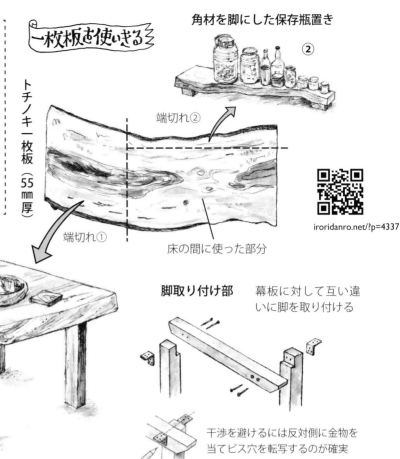

角材を脚にした保存瓶置き

トチノキ一枚板（55mm厚）

端切れ②

端切れ①

床の間に使った部分

irondanro.net/?p=4337

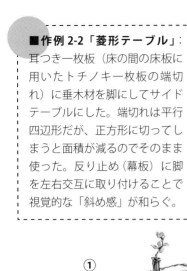

① 菱形のままテーブルに

脚取り付け部

幕板に対して互い違いに脚を取り付ける

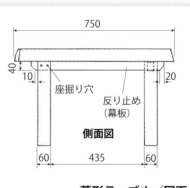

干渉を避けるには反対側に金物を当ててビス穴を転写するのが確実

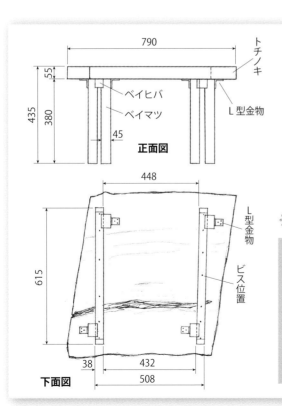

菱形テーブル／図面

正面図：790／55／435／380／45 ベイヒバ、ベイマツ、L型金物、トチノキ

側面図：750／40／10／20／60／435／60 座掘り穴、反り止め（幕板）

下面図：448／615／38／432／508 L型金物、ビス位置

※不定形の天板のため幕板をあえて平行にしていません

Point

作例では残材の外材を用いたが、国産材なら反り止め（幕板）はヒノキかアカマツ、脚をスギでつくるとよい。反り止めは天板の木目に直角方向に、天板に突き抜けずかつしっかり支持する長さのビス（作例では75mm・半ネジタイプ）で打つ。L型金物は黒色を使うと見た目が締まる。ここでも脚部材の正確なカットが重要になる。

作例3 板脚のテーブル

角材ではなく板を脚に使った作例を二つ。わざと華奢(きゃしゃ)に、軽快に見せることを狙ったテーブル。この薄さで強度を出すには、脚はスギではなくヒノキにする必要がある。もう一つは側板に角材を寝かせて添え止めすることで安定を計った。

iroridanro.net/?p=2831

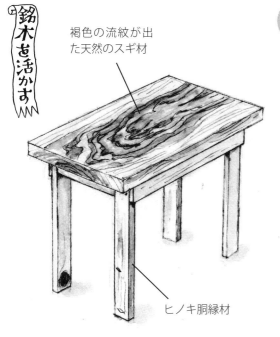

銘木を活かす

褐色の流紋が出た天然のスギ材

ヒノキ胴縁材

■**作例 3-1「銘木テーブル」**：天板は 26mm 厚でウレタン塗装されたスギ板（床の間、下段床板の端切れ）。脚のヒノキ小幅板（自宅外壁の胴縁残材）は厚さ 16～17mm、幅は 41mm から 48mm までと微妙に違う。ベイマツ垂木材（60×45mm）に欠き込みを入れ、ヒノキ小幅板を 90 度ずつずらして取り付ける。視覚的に面白いし、板幅の誤差が目立たなくなる。また倒れにくくもなる。

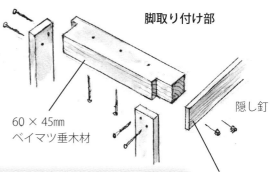

脚取り付け部

60×45mm ベイマツ垂木材

隠し釘

長手方向にスギ薄板（幅木 6×50mm）を隠し釘で止めていく。垂木材の小口隠しのための、幕板に似せた飾り板である

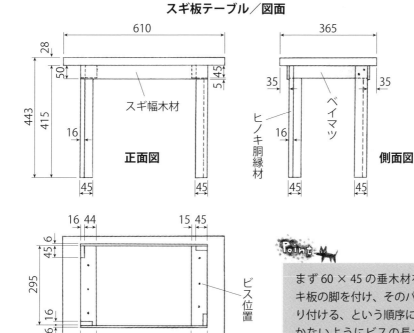

スギ板テーブル／図面

正面図／側面図／下面図

スギ幅木材、ヒノキ胴縁材、ベイマツ

ビス位置

Point

まず 60×45 の垂木材を切り欠いて、ヒノキ板の脚を付け、そのパーツを天板の裏に取り付ける、という順序になる。天板を打ち抜かないようにビスの長さ（作例では 65mm・半ネジ）とトルクに注意する。

5章 国産材でつくる木工の実際　97

■**作例3-2**「サイドテーブル」：ベッド間に置くミニテーブル。15mm厚フローリング材2枚はぎを角材にビス止め。そこに120mm幅のスギ板を付けて側壁＝脚とする。脚はやや大きな45×60mmの垂木材を寝かせて止める。ビスはすべて35mmの軸細コースレッドを使用。インパクトドライバーのトルクは「弱」にして、頭がちょっとめり込んだくらいで止める。このサイズだとビスの頭は目立たず気にならない。

iroridanro.net/?p=3637

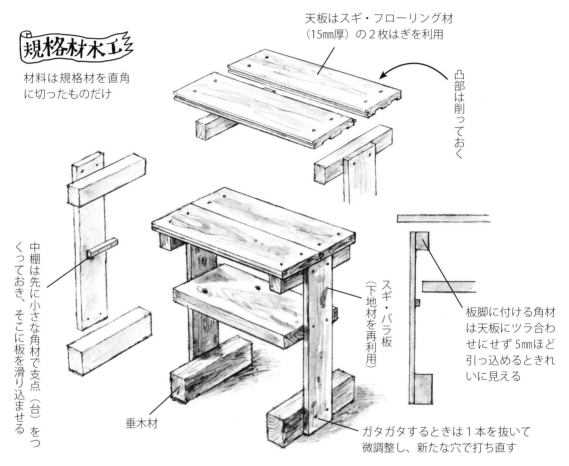

規格材木工
材料は規格材を直角に切ったものだけ

天板はスギ・フローリング材（15mm厚）の2枚はぎを利用

凸部は削っておく

中棚は先に小さな角材で支点（台）をつくっておき、そこに板を滑り込ませる

垂木材

スギ・バラ板（下地材を再利用）

板脚に付ける角材は天板にツラ合わせにせず5mmほど引っ込めるときれいに見える

ガタガタするときは1本を抜いて微調整し、新たな穴で打ち直す

Point

直角を正確に出して組み合わせても、脚がガタガタするときがあるものだ。そのときは両脚の垂木材を止めた4本のビスのうちどこか1本を抜く。するともう一方のビスを支点に動かすことができるので、実際に置いて脚を動かしてみてピタッとくる位置を決めたら、新たな予備穴をつくりビスを打ち直す。

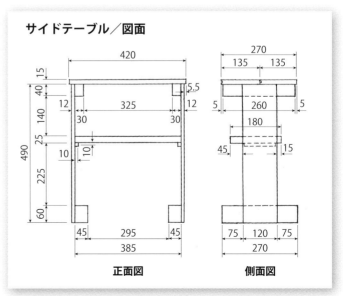

サイドテーブル／図面

正面図　側面図

作例4 裁縫テーブル

ミシンを置くためのテーブルである。脚には同じサイズの収納箱を二つつくって、その上に天板を載せるかたちにした。天板はタモの集成材の板（25mm厚）を購入。収納箱は側面をスギの下地材（12mm厚）と足場板（35mm厚）をヨキでハツって30mm厚にしたものを使った。

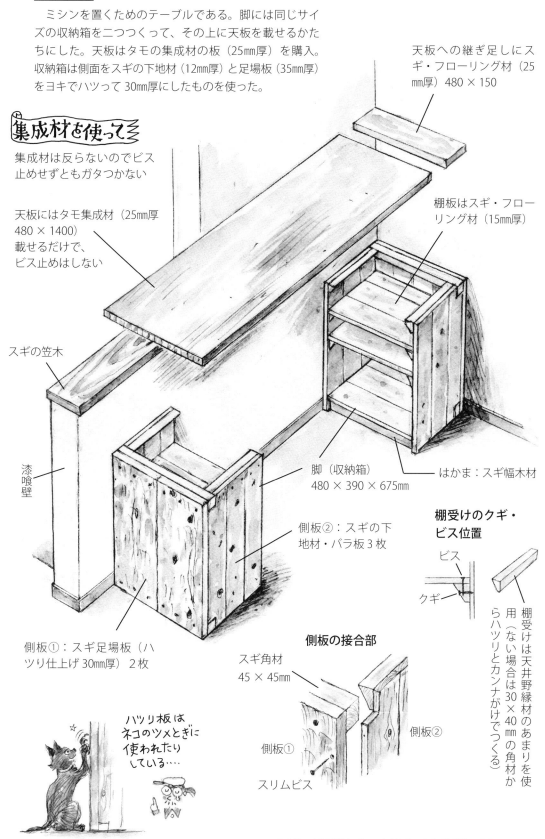

集成材を使って
集成材は反らないのでビス止めせずともガタつかない

天板にはタモ集成材（25mm厚 480×1400）載せるだけで、ビス止めはしない

スギの笠木

漆喰壁

側板①：スギ足場板（ハツリ仕上げ30mm厚）2枚

ハツリ板はネコのツメとぎに使われたりしている……

天板への継ぎ足しにスギ・フローリング材（25mm厚）480×150

棚板はスギ・フローリング材（15mm厚）

脚（収納箱）480×390×675mm

はかま：スギ幅木材

側板②：スギの下地材・バラ板3枚

棚受けのクギ・ビス位置
ビス
クギ

棚受けは天井野縁材のあまりを使用（ない場合は30×40mmの角材からハツリとカンナがけでつくる）

側板の接合部
スギ角材 45×45mm
側板①
側板②
スリムビス

5章 国産材でつくる木工の実際　99

裁縫テーブル・収納箱／図面

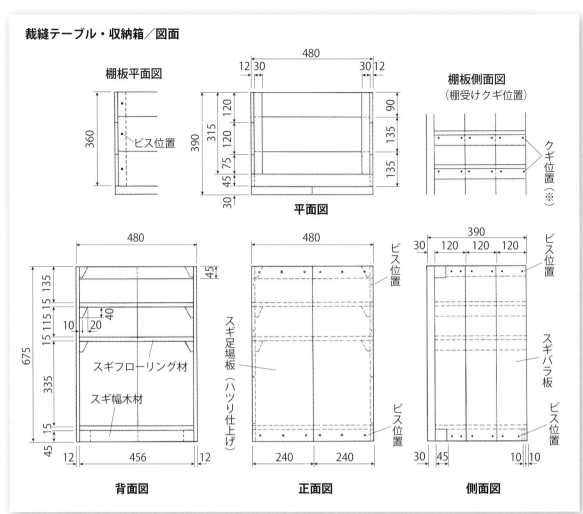

iroridanro.net/?p=4297

箱を正確につくるのは案外難しいものである。直角をうまく固定するには、とにかく墨付けと切削の精度を高めるしかない。微細なズレはインパクトドライバーのトルクが解決してくれるが、ゆがみが大きいと工作しにくいし見た目も悪い。とはいえ、やり直したのでは材料が足りない場合もあるだろう。カンナで修正をかけたり、切りすぎてしまった場合は添え木したりするなど、なんとか押っつけてしまおう（写真右）。

実は筆者のつくった収納箱も、側板の高さを間違え、二重に板を足して修正してある

作例5 壁付けのテーブル

　片側あるいは2面を壁付けすることで脚を省略した作例二つ。一つは壁に天板を受けるための角材をビスで取り付け、それに支持させる。木造家屋の場合、壁の内部に合板や石膏ボードを取り付けるための下地材（120mm幅のバラ板）が30cmピッチで入っているので、そこを目がけてビスを打つ。また、柱や間柱（910mm間隔で立っている）を利用してもよい。下地材の位置がわからない場合は電子式の「壁裏探知器（下地センサー）」が販売されている。また、平成10年以降の建物は鉄製ビスで石膏ボードを止めてあり、壁の上を磁石で探るとビスの位置で吸い付くので、複数の磁石を使えばおよその下地材の位置がわかる。

角柱をハツって6角柱に

■**作例 5-1「1本脚の仕事机」**：私のメインの仕事机は60mm厚のスギ一枚板を2面壁付けにしてあり、脚は1本で支えている。脚は当初105mm角だったが6角形に削って付け直し（左写真）、その隣にもう一つのテーブルを壁付けした（既存の机にも緊結）。天板はナラの集成材。やはり1本脚で、斗栱（ときょう※）の原理で上からの加重が脚に集まるように、長さと太さの違う木を、柱に近くなるほど短く・細くなるように重ねてある。1本脚だと事務イスを回したとき足が当たらず便利。

※寺院建築で深い軒を支える仕組。斗（ます）と肘木（ひじき）とを組み合わせたもの

①6角形の型紙を柱の両木口に貼る

②墨つぼで墨付け

③ヨキでハツり始める

③ハツリ痕はそのまま残す

④水準器で垂直に取り付ける

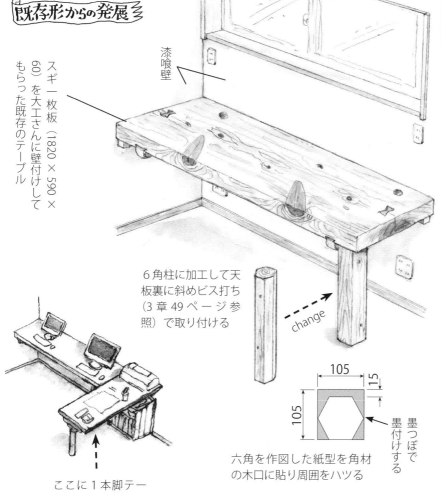

既存形からの発展

漆喰壁

スギ一枚板（1820×590×60）を大工さんに壁付けしてもらった既存のテーブル

6角柱に加工して天板裏に斜めビス打ち（3章49ページ参照）で取り付ける

change

105 / 15 / 105
六角を作図した紙型を角材の木口に貼り周囲をハツる
墨つぼで墨付けする

ここに1本脚テーブルを追加した

5章　国産材でつくる木工の実際

1本脚テーブル／図面

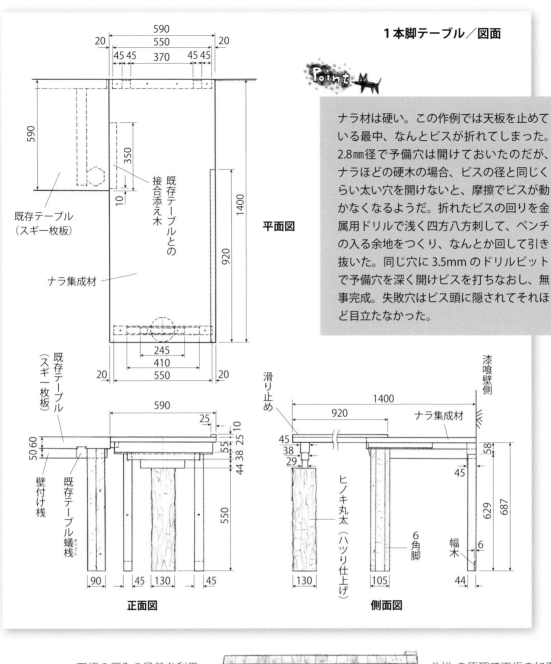

Point

ナラ材は硬い。この作例では天板を止めている最中、なんとビスが折れてしまった。2.8mm径で予備穴は開けておいたのだが、ナラほどの硬木の場合、ビスの径と同じくらい太い穴を開けないと、摩擦でビスが動かなくなるようだ。折れたビスの回りを金属用ドリルで浅く四方八方刺して、ペンチの入る余地をつくり、なんとか回して引き抜いた。同じ穴に3.5mmのドリルビットで予備穴を深く開けビスを打ちなおし、無事完成。失敗穴はビス頭に隠されてそれほど目立たなかった。

- 天板の厚みの段差を利用して角材を当て、横と下から干渉しないようにビスを打って緊結する
- 斗栱の原理で天板の加重が1本脚に集まる。
- 座掘りしてロングビス
- 壁付けなので欠き込みはいらない
- 干渉しないようずらす
- 山から運んだヒノキ床柱の切れ端

iroridanro.net/?p=4447

■**作例 5-2「ブロック利用のテーブル」**：キッチンのアイランドテーブルである。大判のパーティクルボード※を天板に利用、片側を壁付け、もう一方をコンクリートブロックの壁にし、間にロの字型の中脚を2本挿入して補強してある。実際に使いながら棚や収納箱を後付けした。

※木材の小片を接着剤と混合し熱圧成型した木質ボードの一種。原料としては主に解体廃材等が用いられ、表面に化粧板を貼って家具などに用いられる

異種の素材を組み合わせる

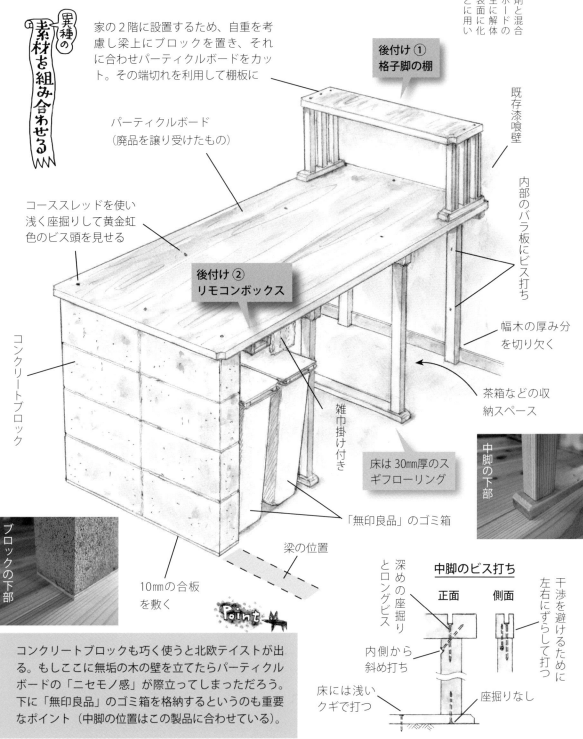

- 家の2階に設置するため、自重を考慮し梁上にブロックを置き、それに合わせパーティクルボードをカット。その端切れを利用して棚板に
- パーティクルボード（廃品を譲り受けたもの）
- コーススレッドを使い浅く座掘りして黄金虹色のビス頭を見せる
- 後付け① 格子脚の棚
- 後付け② リモコンボックス
- 既存漆喰壁
- 内部のバラ板にビス打ち
- 幅木の厚み分を切り欠く
- 茶箱などの収納スペース
- 中脚の下部
- コンクリートブロック
- 雑巾掛け付き
- 床は30mm厚のスギフローリング
- 「無印良品」のゴミ箱
- ブロックの下部
- 梁の位置
- 10mmの合板を敷く

中脚のビス打ち
正面／側面
- 深めの座掘りとロングビス
- 内側から斜め打ち
- 床には浅いクギで打つ
- 干渉を避けるために左右にずらして打つ
- 座掘りなし

Point
コンクリートブロックも巧く使うと北欧テイストが出る。もしここに無垢の木の壁を立てたらパーティクルボードの「ニセモノ感」が際立ってしまっただろう。下に「無印良品」のゴミ箱を格納するというのも重要なポイント（中脚の位置はこの製品に合わせている）。

5章　国産材でつくる木工の実際

ブロック利用のテーブル／図面

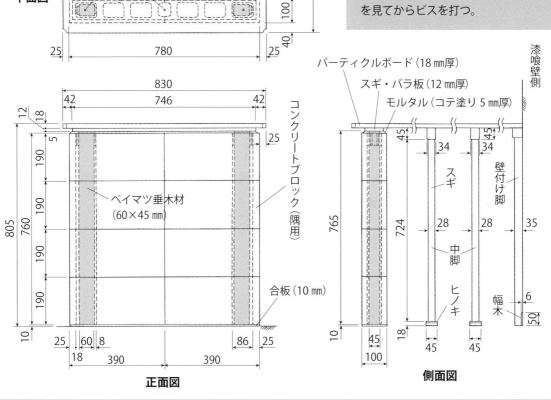

Point

ブロックは合板の上からコンクリート用接着剤で積み上げる。ブロックの穴に柱を立て、その上にバラ板をビス打ちして天板の受け材とする。柱と下地の合板は木工用ボンドで接着する。壁側の支持材とブロック上部のセンターに水糸を張って中脚の基準線にするとよい。水準器で垂直を見てからビスを打つ。

iroridanro.net/?p=4469

ブロック穴に固定するための添え木を柱に打つ

柱をブロック穴に入れたところ

中脚を立てる

アイランドテーブル 後付け①

格子脚の棚

その後、天板の上に同じ素材の端切れで棚を追加した。棚を支える小脚は30㎜厚フローリング材の「さねの凹みの部分」をカットしたものだが、並んだ凹みが格子状に見える効果が面白い。棚の高さは収納するオーブントースターを基準にした。サイズに合わせてつくると、すっきりとして棚自体が美しく見えてくる。

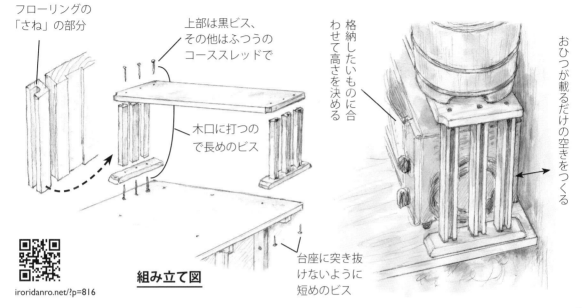

- フローリングの「さね」の部分
- 上部は黒ビス、その他はふつうのコーススレッドで
- 木口に打つので長めのビス
- 台座に突き抜けないように短めのビス
- 格納したいものに合わせて高さを決める
- おひつが載るだけの空きをつくる

組み立て図

iroridanro.net/?p=816

アイランドテーブル 後付け②

リモコンボックス

次いで、天板の下にテレビのリモコン収納箱と、雑巾を掛ける金属棒を取り付けた。広いアイランドテーブルにはなんでも物を置いてしまいがちだが、黒いリモコンなどはとくに目障り。これが隠れるだけでテーブルはスッキリ見え、他のものもきちんと仕舞われるようになった。

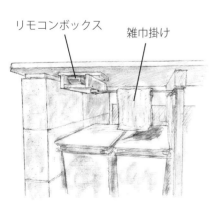

- リモコンボックス
- 雑巾掛け

スギのフローリングによく雑巾がけをするので、その収納に大変便利

Point
薄板の側面（木口ではなく）にビスを打つのは難しいため、ここだけクギ打ちにする（下穴は仮組みして奥の材料にもちょっとだけ到達させたほうがクギが曲がりにくい）。

- 金属棒
- 中脚横材の底に取り付ける

組み立て図

iroridanro.net/?p=23929

5章　国産材でつくる木工の実際

作例6 間柱脚の作業台

　大型の座卓を処分するというので貰ってきた。その脚を外して天板（50mm厚）だけを用い、間柱材をフレームと脚にして木工のための作業台をこしらえた。90mmのロングビスを用い、切り欠きはつくらず、スギの回り縁材（10×20mm）を受け台（支点）にしてビスで強引に固定してしまう。ロングビスの支持力は強力で（もちろんネジ抵抗はかなりあり、すぐに打撃が始まるのでトルクは最強にしておく）、最初は下の横棒どうしをつなぐ補強材や、筋交いを考えていたのだが、このフレームでがっちり固まったのは驚きであった。天板は複数のL型金物で止めて完成である。

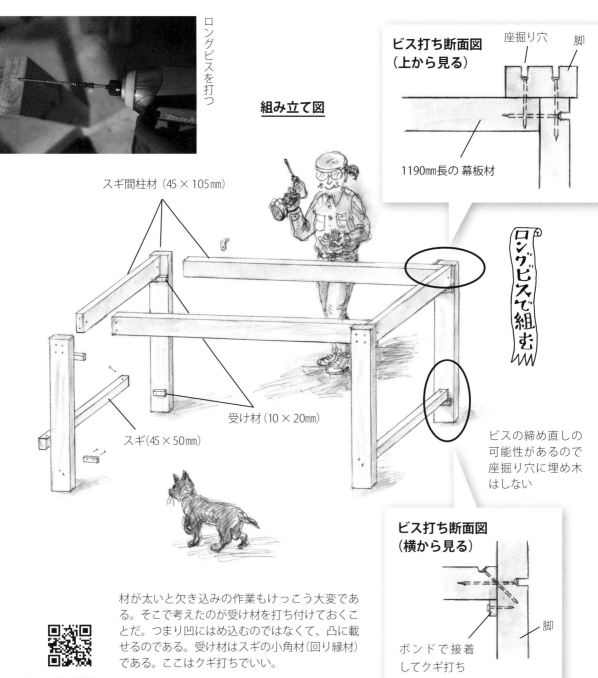

ロングビスを打つ

組み立て図

ビス打ち断面図（上から見る）
座掘り穴　脚
1190mm長の幕板材

スギ間柱材（45×105mm）
受け材（10×20mm）
スギ（45×50mm）

ロングビスで組む

ビスの締め直しの可能性があるので座掘り穴に埋め木はしない

ビス打ち断面図（横から見る）
脚
ボンドで接着してクギ打ち

　材が太いと欠き込みの作業もけっこう大変である。そこで考えたのが受け材を打ち付けておくことだ。つまり凹にはめ込むのではなくて、凸に載せるのである。受け材はスギの小角材（回り縁材）である。ここはクギ打ちでいい。

iroridanro.net/?p=24528

間柱脚の作業台／図面

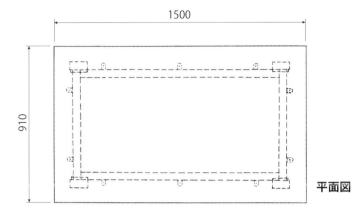

最初にロの字形の脚パーツを二つつくり、そこに1190mm長さの幕板材をつないでいく。養生テープで仮組みすれば一人で作業できる。横材を斜め打ちする下の受け材にはかなりの力がかかるので、接着剤が乾いて固定するまで待つ（もしくはより硬い材をビス打ちする）。

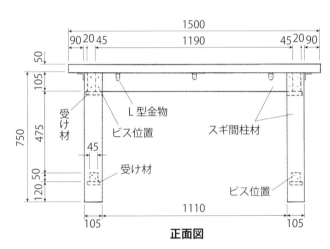

正面図

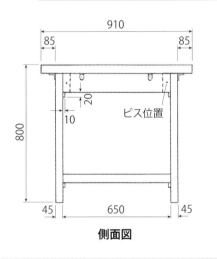

側面図

◀完成した脚

① ロの字のパーツを二つつくる

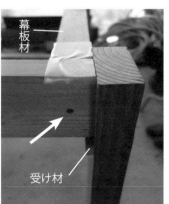

② 1190mm長さの材を受け材に載せて養生テープで仮組みし、真ん中にビスを1本打つ

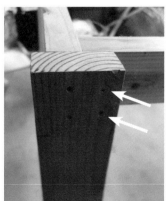

③ 次いで側面からビスを2本打つ（右側の2本）。これで1190mm材はがっちり止まる

5章　国産材でつくる木工の実際　107

作例7 厨子の台座

ダイニングに位牌を納める厨子を置くことになり、そのためのテーブルを考えた。厨子は小型ながら屋久杉でつくられているので、それに相応しい素材であるべきだし、祭壇としての意匠のようなものも欲しくなってくる。天板は赤身の濃い低温乾燥のスギ材、脚にはヤマザクラの枝を皮付きで使うことを思いついた。木目の緻密な天然スギの厚板（30mm×105mmの鴨居材の余り）で井桁を組んで天板を載せ、脚を金属ピンで接合する。後ろの脚は壁付けにして、ほぞで井桁をはめ込んだ。テーブルの下には布を垂らすことで収納を可能にする。エスニックなパターンのインド綿がヤマザクラの素材を引き立たせるのにぴったりだった。

井桁組みの相欠きをつくる

①墨付け

②のこ引き定規で正確にカット

③墨線の真ん中で切る※

④ノミで抜く

※相欠きがキツいと欠けやすいので墨線の中央を

⑤ノミで調整しながらはめる

背面2カ所はL型金物で止める

取り付け・組み立て図

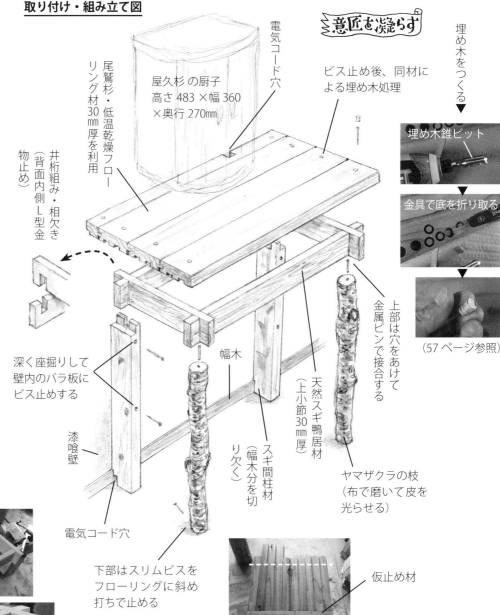

屋久杉の厨子 高さ483×幅360×奥行270mm

電気コード穴

尾鷲杉・低温乾燥フローリング材30mm厚を利用

井桁組み・相欠き（背面内側L型金物止め）

意匠を凝らす

ビス止め後、同材による埋め木処理

埋め木をつくる▼
- 埋め木錐ビット
- 金具で底を折り取る
- （57ページ参照）

深く座掘りして壁内のバラ板にビス止めする

漆喰壁

電気コード穴

下部はスリムビスをフローリングに斜め打ちで止める

幅木

スギ間柱材（幅木分を切り欠く）

天然スギ鴨居材（上小節30mm厚）

ヤマザクラの枝（布で磨いて皮を光らせる）

上部は穴をあけて金属ピンで接合する

仮止め材

天板のフローリング材は当て木をして叩いてはめた後、裏側に仮止め材をビス打ちしてから両端を電ノコでカットする

厨子の台座／図面（設計当時の手描きのもの）

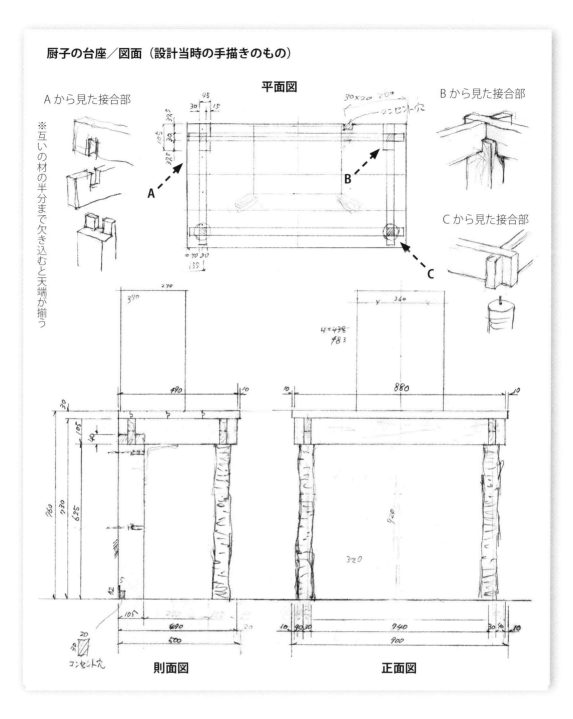

◀布を取り付けて中は収納用に

iroridanro.net/?p=23147

Chapter 5

制作実例集
3 イスをつくる

スギ・ヒノキでイスといえば、まず便利なのが丸太を切っただけの「丸太イス」である。皮をむいてチェーンソーで適度な長さに切り、切り口にサンドペーパーをかけて滑らかにする。その直径にちょっとはみ出るサイズの丸いクッションがあるといい。直径18〜20㎝、高さ30㎝程度の子どもサイズの丸太イスは、いくつかあるとインテリアとしても面白いし、いい香りを放出してくれ、見た目も匂いも部屋の清涼剤となってくれる。

私はこのイスをIKEAポエング（17ページ）のフットスツール（足乗せ台）にも使っているが、4つ高さを揃えておくと、一枚板を載せれば即座に立派なテーブル（座卓）ができる。厚みのある耳付き板を載せると迫力かつ愛嬌があり、和室にもよく似合うものである。

★30 木材の外皮の部分を残した板（96ページのトチノキ板参照）

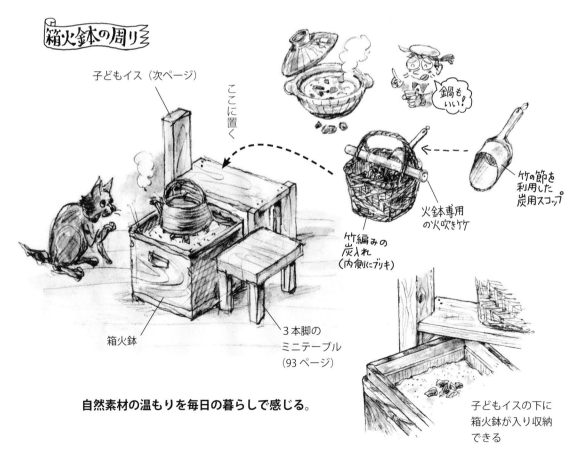

自然素材の温もりを毎日の暮らしで感じる。

作例1 子どもイス

友人から小さな手づくりイスを貰った。自邸を建てた友人は、私と同じように端材で木工を楽しんでいたのである。脚には 45 × 105mm の間柱材が使われており、やはり大工に選り分けられた残りと見え、大きな節があるのだった。友人のそれはこげ茶色に着色されていたが、私は同じものを白木でつくってみた。イス以外にも鉢や花瓶を置いてもよく、3本脚のミニテーブル（93ページ）とともに箱火鉢のサイドテーブルとして便利だ。

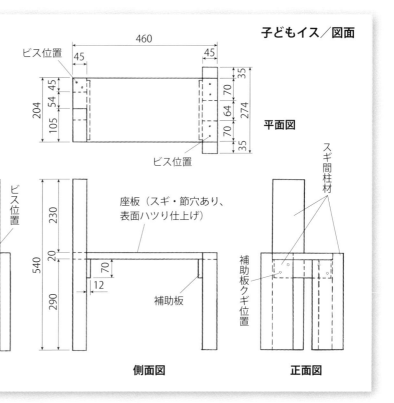

iroridanro.net/?p=2848

Point

背脚と座板との欠き込みがこのイスの構造上重要なポイントで、見せ所でもある。他の脚は長ビスで止め補助板をクギ打ちする。

子どもイス／図面

5章　国産材でつくる木工の実際

作例2 3本脚のスツール

103ページで紹介したアイランドテーブルの高さに合わせたスツール（カウンターチェア）である。背板に30×105mmのドア枠材を用い、先端はヨキでハツって背当たりがいいようにカーブをつける。3本脚だけだと座っていないときにふいに触れて倒しやすい。そこで背脚の下に横木を付けたらほとんど倒すことがなくなった。座板と脚の接合部には段差をとり、下部の横木はツライチで受けるという取り合わせ。座面の高さは私の身長（173cm）に合わせたサイズなので各自で調整してほしい。

▼背もたれ部背面

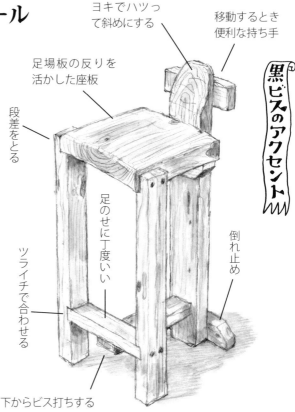

- ヨキでハツって斜めにする
- 移動するとき便利な持ち手
- 足場板の反りを活かした座板
- 段差をとる
- 足のせに丁度いい
- ツライチで合わせる
- 下からビス打ちする
- 倒れ止め

黒ビスのアクセント

Point

切り欠きとビス打ちによって非常に強固に結合できるという良例である。黒ビスを用いて頭を見せ、デザイン的なアクセントとする。持ち手や脚、座板などは面取りをしておくとよい。座り心地がやや硬いので、私は小さな薄手の丸座布団（クッション）を敷いている。

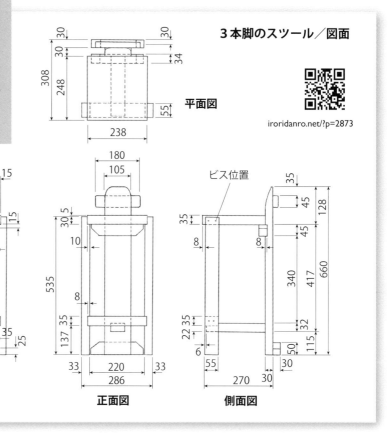

3本脚のスツール／図面

平面図 / 背面図 / 正面図 / 側面図

スギ・ドア枠材

irolidanro.net/?p=2873

Chapter 5

制作実例集
4 棚と本棚をつくる

　壁付けの棚は配置をうまくやればそれだけで美しい。とくにコーナーを使うと充実したものとなる。成功させるには、壁の余白、窓の位置や掛ける絵の配置などにも気を配ることである。棚の上に何を置くか、逆に置かないことも重要だ。棚板は壁に接触させず、数mmあけておくとホコリがたまらず掃除もしやすい。

　壁に支点をとるには、壁に隠れた柱やバラ板の位置を把握しておく必要がある。私の場合は自宅の施工途中で写真を撮っておいたが、手がかりがない場合は101ページに書いたように「壁裏探知器（下地センサー）」や磁石でバラ板の位置を探し出す。壁がダメな場合は、柱・梁・長押・廻り縁・机の縁など、露出する木部を手がかりに棚を構築するアイデアを考える。ビス打ちの柔軟性から生まれる技法とデザインを紹介する。

16ページで紹介した高知県檮原町「雲の上のホテル・別館」ルーム内の洗面所にあるスギ材（はぎ板）壁付け棚

「無印良品」の壁付け棚（MDF＋タモ材突板※）と鏡を取り付けた筆者宅の洗面所。石膏ボード専用ピンで掛けているため壁との隙間はない

特注L型金物で壁に取り付けられており、先端を薄くして軽快さを見せ、透明カバーを掛けている。「無垢のスギを使う」という隈研吾の強い意志が見て取れる

※ MDFは「medium density fiberboard」の略で、木材チップを合成樹脂で練り込み熱圧成型した擬似板である。これに突板（木材を0.2～0.6mmに薄くスライスした板材）を貼ったものが家具材や造作材の主流になりつつある

5章　国産材でつくる木工の実際　113

作例 1　壁付け違い棚

　漆喰塗りの壁につくった3段の陳列棚。それぞれ長さを変えて床の間の「違い棚」風にした。素材はすべてスギを使っている。コーナーの支点1は壁裏のバラ板に2本のビスで止め、壁付けの支点2と3は間柱と柱にとる。右端の支点3は三角の厚板、中央の支点2は見た目の軽さが出るように2つの部材を重ねてつくる。下2段の棚板は切り欠きに板をはめ込み、一番下の棚板はさらに軽快に見えるように細い角材で吊る（板の上から角材の芯を目がけて長いビスを打って止める）。棚の支点2と3の座掘りの穴は目立つので埋め木（3章57ページ参照）をした。棚板はそれぞれ5mmほど壁から隙間をあけ、ほこりが溜まらず掃除しやすくしてある。

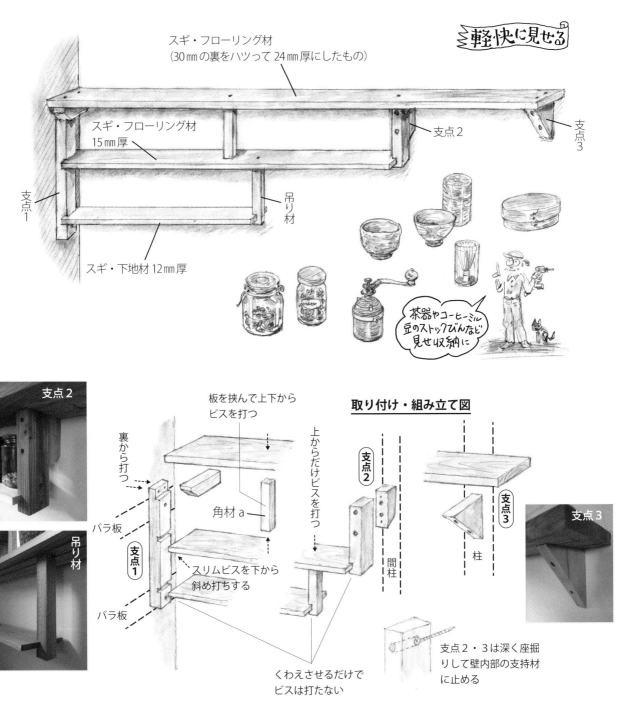

壁付け違い棚／図面

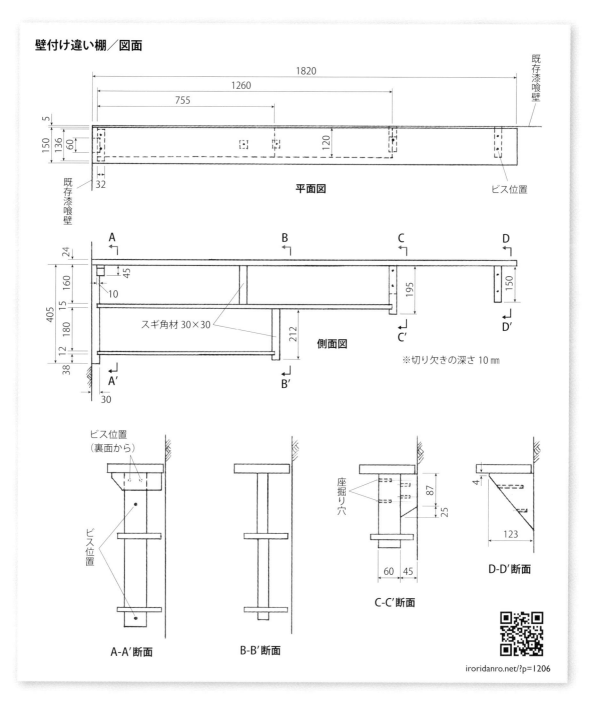

下段棚板の取り付け中

水準器やスコヤを使って水平垂直を見るのは必須の作業。間に入る角材（左ページa）があるので、施工順序をよく考えないとネジが回せなくなる。①支点1の取り付け→②支点2と中段棚板の取り付け→③下段棚板の取り付け→④上段棚板、の順に組み立てていく（詳しくは口絵参照）。

5章　国産材でつくる木工の実際　115

作例2 自立する棚

　101ページで紹介した仕事机の壁際に棚をつくりたいが、壁裏には配線が集中しているのでビスを直接打つことができない。さりとて収納箱を置けば机が狭くなる。そこで机の天板に角材をくわえさせ、それを起点に窓枠へ棚板を架けることにした。自立する棚・中空に浮かぶ棚である。

　棚板と壁との間には2～3mmの隙間をあける。また窓台にはクギもビスも打たず、欠き込みをつくって載せだけ。無節の美しい窓台を傷付けたくないからだ。これで机を狭くすることなく、壁の余白を生かしながら、美しく収納することが可能になった。

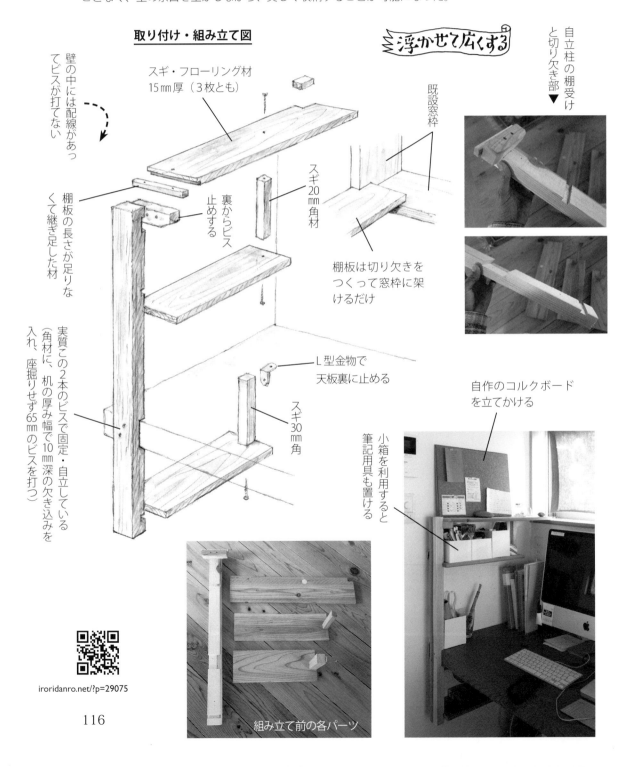

自立する棚／図面

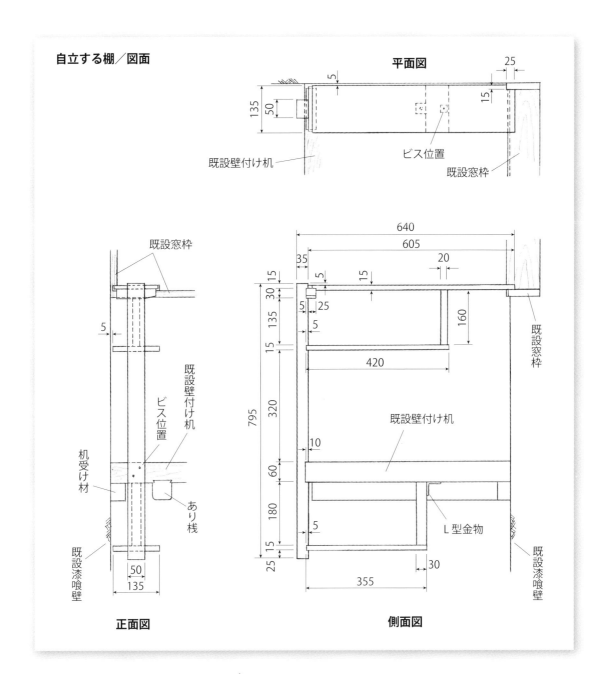

平面図

正面図

側面図

▶ 修正のため微妙な段差と凹凸が影をつくる棚板の接合部

壁付けではなく既設の木造物をとっかかりにして発展させた例である。当然ながら既設のレベルに水平や長さを合わせるべきなのだが、この作例では棚板の長さが足らず、レベルも若干間違えてしまった。そこで継ぎ足し材や、切り欠きで補った。しかし、出来上がってみればここが装飾的でいいアクセントに見えないこともない。これも DIY ならではの面白さかもしれない。

5章 国産材でつくる木工の実際

作例3 吊り棚

わが家のシステムキッチンは引き出し式になっていてかなりの収納力があり、今のところ食器はその中に収まっている。それでも料理に頻繁に用いるザルやボール、バットは、棚にあったほうが便利だ。メラミン樹脂の壁にビスは打ちたくない。梁に角材をビス打ちして、そこから吊り下げるように棚のフレームを組むことにした。材が細いので割れを避けるためセンターフレーム以外は切り欠きをつくらず、手回しのドライバーも併用する。ブレ防止にステンレス線でアンカーをとり、下部には真鍮の針金を回して洗濯バサミや布巾を掛けられるようにした。窓からの風が、ぶら下げたものを効果的に乾かしてくれる。

①最初に枠のパーツをつくる。スコヤで正確な直角を固めてから手回しドライバーでビス打ち

②枠を自立させる台を置き、横材を取り付ける

③横材は枠のビスに干渉しないよう1本で止める

④ここまでつくり込んでから梁と角材に取り付ける

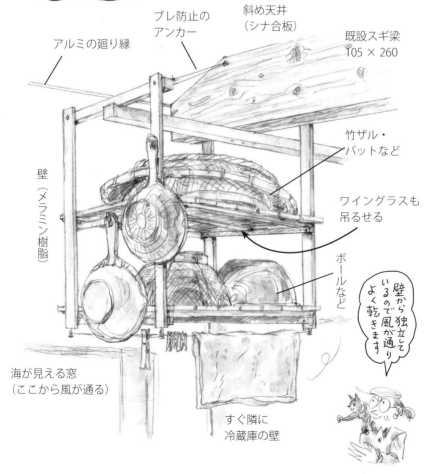

風が通る棚

- アルミの廻り縁
- ブレ防止のアンカー
- 斜め天井（シナ合板）
- 既設スギ梁 105×260
- 竹ザル・バットなど
- ワイングラスも吊るせる
- 壁（メラミン樹脂）
- ボールなど
- 海が見える窓（ここから風が通る）
- すぐ隣に冷蔵庫の壁

「壁から独立しているので風が通りよく乾きます」

断面寸法・接合詳細

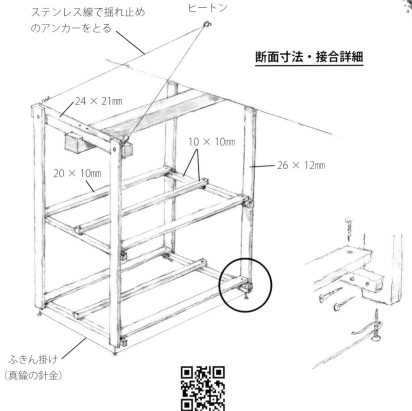

- ステンレス線で揺れ止めのアンカーをとる
- ヒートン
- 24 × 21mm
- 10 × 10mm
- 26 × 12mm
- 20 × 10mm
- ふきん掛け（真鍮の針金）

iroridanro.net/?p=706

各フレームの断面寸法は左図の通りである。材はヒノキとスギとラワンの古材を使っている。古材もカンナで一皮むけば真新しい木肌が現われる。材が細いので割れを避けるため切り欠きはつくらず、下穴を大きく開け、手回しのドライバーでビス止めする。

◀ カンナがけで白木に戻った古材

吊り棚／図面（設計当時の手描きのもの）

※当初は竹のスノコに敷く予定だった（現在はスギの下地板を固定せずに並べている）

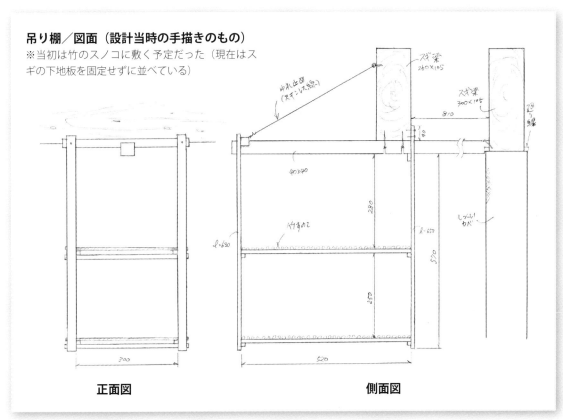

正面図　　側面図

5章　国産材でつくる木工の実際　119

作例4 フローリング材と足場板の本棚

30mm厚のスギの無垢板で組んだ本棚である。材料はすべて家づくりで出た残材で（足場板はバルコニーの床板用に購入していたもの）、棚の高さや位置は自分の蔵書に合うよう設計した。高さが38cmある図鑑類やB4版のポートフォリオなどを納める箱を中央に据え、両脇から同じ2段組みのパーツで挟み込むという基本構造にした。その上に長い天板でフタをし、さらに積み木の壁で単行本用の棚をもう一段かさ上げする。全体に低くしたのは地震のときも安心だし、壁の上部にはめ殺しのピクチャーウィンドウがあるのでそれを美しく見せるために壁の余白が欲しかった。背板なしで漆喰壁を見せているのもその連続性をつくりたいのと、このほうが掃除もしやすいから。また、底板を角材一つぶん浮かせて、ハカマをつくると掃除機をかけるとき本を傷めない。

足場板材で側板をつくる

- ハツリ前
- ハツリ後
- マーキングピンを付ける
- 転写したピン跡
- ピン跡に9mm穴！
- ダボ
- 完成

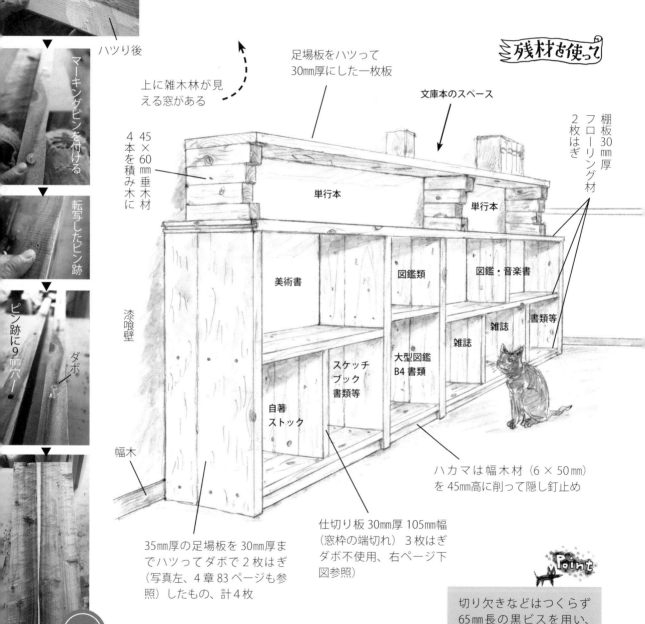

残材を使って

- 足場板をハツって30mm厚にした一枚板
- 上に雑木林が見える窓がある
- 文庫本のスペース
- 棚板30mm厚フローリング材2枚はぎ
- 45×60 垂木材 4本を積み木に
- 単行本
- 美術書
- 図鑑類
- 図鑑・音楽書
- 漆喰壁
- 雑誌
- 書類等
- スケッチブック 書類等
- 大型図鑑 B4書類
- 自著ストック
- 幅木
- ハカマは幅木材（6×50mm）を45mm高に削って隠し釘止め
- 35mm厚の足場板を30mm厚までハツってダボで2枚はぎ（写真左、4章83ページも参照）したもの、計4枚
- 仕切り板 30mm厚 105mm幅（窓枠の端切れ）3枚はぎ ダボ不使用、右ページ下図参照）

Point

切り欠きなどはつくらず65mm長の黒ビスを用い、上板には座掘りと予備穴を開け、下板に深く打ち込んで止める。

組み立て図（全体）

まずパーツAとBを準備し、中央部の棚板を組んで一体化させる。その上にパーツCを重ねていく

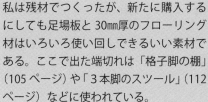

私は残材でつくったが、新たに購入するにしても足場板と30mm厚のフローリング材はいろいろ使い回しできるいい素材である。ここで出た端切れは「格子脚の棚」（105ページ）や「3本脚のスツール」（112ページ）などに使われている。

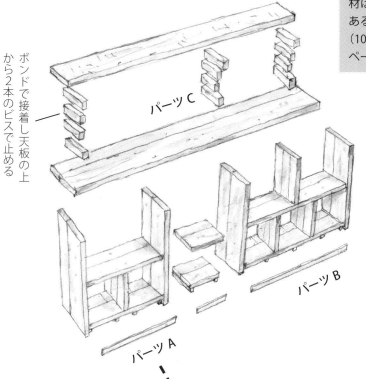

ボンドで接着し天板の上から2本のビスで止める

パーツC

パーツB

パーツA

底部の組み立て

AとBを組む

Cの組み立て

組み立て図（部分／パーツA）

フローリング材はさねで結合してビス止め

ダボで止める

長材が足りなかったので、底板は奥側を短材でつぎはぎしながら1枚に仕立てている

ボンドと隠し釘（3章58ページ参照）で止める

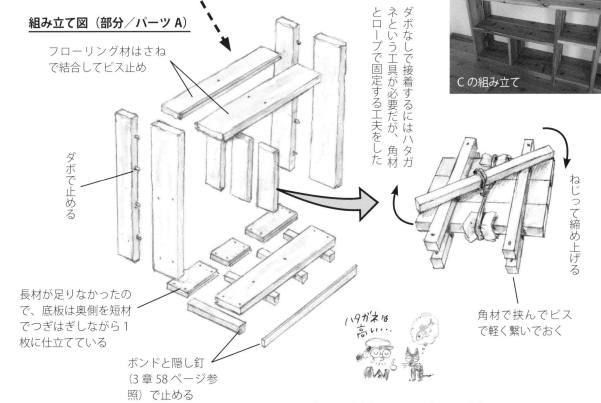

ダボなしで接着するにはハタガネという工具が必要だが、角材とロープで固定する工夫をした

ねじって締め上げる

角材で挟んでビスで軽く繋いでおく

ハタガネは高い…

5章　国産材でつくる木工の実際

本棚／図面

平面図

スギ・フローリング材
スギ足場板（ハツリ仕上げ）
ビス位置

300 / 230 / 70

側面図

既設漆喰壁
幅木
ダボ接合
ビス位置
スギ足場板（ハツリ仕上げ）

230 / 15 / 6 / 279 / 180 / 120 / 300

正面図

自作原画入り額
『フランス百科全書 図録編』（ブックエンドとして機能する）
文庫本スペース
木のブックエンド
ドライフラワー・オカリナ
絵本
ポストカード
豆本
チョウ標本箱・貝殻
垂木材の積み木
暖炉模型

スギ・フローリング材
スギ足場板（ハツリ仕上げ）
45×45 角材（ベイヒバ）
はかま（スギ・幅木材）
スギ・フローリング材
スギ・窓枠材（3枚はぎ）
スギ足場板（ハツリ仕上げ）

30 / 435 / 30 / 430 / 30 / 435 / 30 / 300 / 30 / 425 / 30 / 425 / 30 = 2660
1360
660 / 940 / 670 / 45 / 1425 / 45 / 80
290 / 400 / 30
880
45 / 30 / 350 / 30 / 340 / 30 / 45 = 795
60×4=240
1095

Chapter 5

制作実例集
5 照明器具をつくる

　自分でつくると照明器具くらい安くできるものはないだろう。また無垢の自然素材を使うことで、市場には出ることのないオリジナリティ豊かなものがつくれる。ただし100Vの電気を導くので感電や漏電のリスクがある。コードやソケットは最新のきちんとしたものを用い、接続個所はしっかりと絶縁する。そして白熱灯の場合はとくに熱が出るので、光源にランプシェードが接触したり近づき過ぎたりしない注意が必要だ。

　現代人の夜は明るすぎると思う。優しく柔らかな木という素材を生かして、闇の豊かさと、仄かな灯りのよさを思い出させてくれる器具をつくりたい。

▶群馬の山暮らし時代につくった丸太のフロアーライトは、いま囲炉裏暖炉の友として

5章　国産材でつくる木工の実際　123

作例1 丸太と和紙のフロアーライト

　形は昔からよくある読書灯だが、家では床置きで使っている。囲炉裏暖炉を焚くとき天井の灯りを消してこのフロアーライトを使うと、部屋の中の雰囲気はがらりと変わる。小さなスギ丸太に針金と和紙で傘をかける。丸太は乾燥の過程で必ず割れが入るので、その割れ目を利用してコードを隠し、竹材をクギ止めして覆う。脚は小枝を輪切りしたものを3つ、接着剤で底に付ける。丸太が手に入らなければ、105㎜角の柱材から円柱を削り出し、ノミでコード隠しのスリットを彫ってもいいだろう。

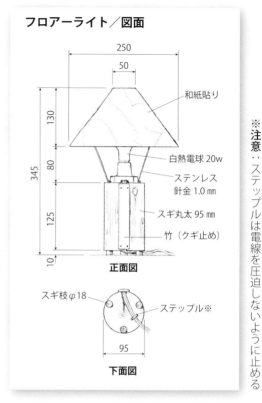

フロアーライト／図面

和紙貼り
白熱電球 20w
ステンレス針金 1.0 mm
スギ丸太 95 mm
竹（クギ止め）

正面図

スギ枝φ18
ステプル※

下面図

※注意：ステプルは電線を圧迫しないように止める

丸太と枝でつくる

丸太が乾燥すると必ず割れが入る。そこを削ってコードがはまるサイズにする

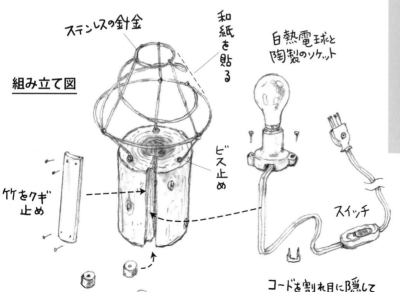

組み立て図

ステンレスの針金
和紙を貼る
白熱電球と陶製のソケット
ビス止め
竹をクギ止め
スイッチ
枝で足をつくる
コードを割れ目に隠してステプルで底に止める

Point

細い丸太は市場に出ず、間伐の際に伐り捨てられることが多いが、DIYの位置付けとして面白いサイズである。和紙は最初に貼ったものが引っ越しのたびに破れ、その補修をきっかけに別の風合いの和紙をまだらに貼ってみた。その光の効果も面白い。

iroridanro.net/?p=11367

針金は輪をつくってビスで締めて止める

作例2 板と和紙のブラケットライト

　ベッドルームの壁に付けた間接照明である。壁が漆喰なので、光源を直接見せるのではなく壁を照らすことで、空間を柔らかに照らす。下部は和紙で包み込んであり、読書灯としても利用できる。この和紙によってアッパーライトの効果も生まれる。

　素材はスギの15mm厚のフローリング材。さねの凸部を利用して和紙を接着する。配線はステップルをコンセント側に1カ所打って止めてから、天井の隅まで壁づたいにループを描いて持ち上げ、あとはコンセントまで隅や角を伝わせてステップル等で止めていく。引きひもの先端には持ち手としてクルミの殻の輪切りを付けてある。

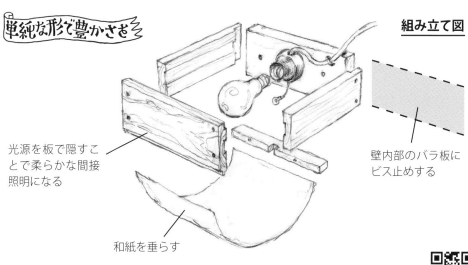

単純な形で豊かさを

光源を板で隠すことで柔らかな間接照明になる

和紙を垂らす

組み立て図

壁内部のバラ板にビス止めする

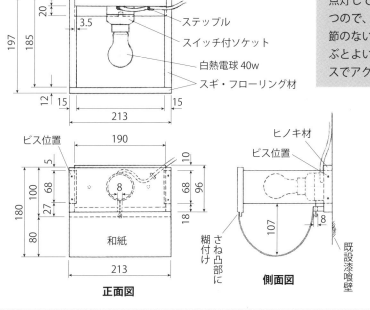

ブラケットライト／図面

平面図／正面図／側面図

既設漆喰壁／ステップル／スイッチ付ソケット／白熱電球40w／スギ・フローリング材／ヒノキ材／ビス位置／和紙／さね凸部に糊付け／既設漆喰壁

iroridanro.net/?p=4401

Point

点灯していないとき正面が目立つので、100×213のスギ板は節のない板目の美しいものを選ぶとよい。接続は小さめの黒ビスでアクセントをつける。

引きひもに付けたクルミ殻の輪切り

5章　国産材でつくる木工の実際　125

作例3 竹と和紙の電灯傘

4.5畳の和室に下げたペンダントライトである。フレームは竹でつくったがスギでも可能なので紹介しよう。真鍮の針金を利用して、6角形の傘型をつくる。そこに穴をあけた竹（スギ）を通す。和紙は植物が漉き込まれたものを使った。最後にソケットを細いステンレス線で取り付ける。引きひもの先端は、フレームが竹なら竹を、スギならスギを使うとよいだろう。

竹と針金でつくる

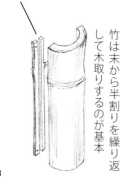

竹は緻密で強い表皮側を使い、軟らかい内側は割って捨てる

竹は末から半割りを繰り返して木取りするのが基本

最初は緩やかな6角形にして竹を通し、位置決めしてからシャープな角をつくると動かなくなる（接着剤は必要ない）

竹の角材に穴をあけて真鍮針金を通す

あえて隙間をあけて真鍮線を見せる

漉き込み和紙

引きひもが電球に接触する部分は細いステンレス線を使い、下部は編み糸を使う

銅線のリング

節の部分の竹

iroridanro.net/?p=1168

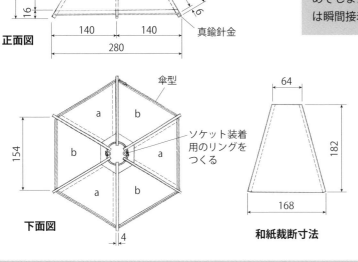

電灯傘／図面

正面図：75、48、30、232、204、158、6、16、140、140、280、真鍮針金 #18（1.2mm）、竹角材、和紙貼り、真鍮針金

下面図：傘型、a、b、ソケット装着用のリングをつくる、154、4

和紙裁断寸法：64、182、168

Point

和紙は六つの台形パーツに分けて貼るとやりやすい。最初にaの3枚を貼り、乾いてからカッターでフレームに沿ってバリを切る。次いで、被せるようにbを貼っていく。真鍮は硬いのでいったん形を決めてしまえば歪みにくいが、上の円環部は瞬間接着剤で竹を固定するとよい

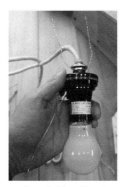

ソケットはステンレス線で上部の環に取り付ける

Chapter 5

制作実例集 6 生活雑貨と道具をつくる

　昔の人はあらゆる生活道具を木からつくっていたが、それは木という素材が加工しやすく、きわめて柔軟に対応できるからだ。かつ土地土地で「あの道具はこの木（種類）でつくる」というような情報が、蓄積され、伝えられ、そしてそのカタチも時代とともに洗練されていった。

　新素材の出現があり、石油化学の隆盛とともにそれらは急速に失われてしまったが、素材はまだたくさんあるのだから、思い返してもう一度つくってみるのも悪くない。新しいデザインで再構築してみるのもいいだろう。

木と竹からつくった台所用具。左から、①ウロコ落し（スギ＋王冠）、②ジャムべら＋バターナイフ（ヤマザクラ皮付き）、③木さじ（シラカシ）、④同（ヤマザクラ）、⑤塗りべら（竹）、⑥味噌こしべら（竹）、⑦ミニすりこぎ（サンショウ）、⑧麺棒兼すりこぎ（スギ）

④▶
iroridanro.net/?p=435

⑥▶
iroridanro.net/?p=24835

作例1 キャスター付き本箱

机の下に置いておき、床を転がせる便利な書類入れ。A4のクリアーファイルがちょうど収まるサイズで、100円ショップのキャスターと廃材を寄せ集めてつくった。底板には12mm厚の合板を、縦板3枚はラワンの廃材を使い、スギの背板2枚で固定している。裏側はキャスターのビスが底板を貫通しないよう10mm厚の小幅板をかましてある。もちろん縦板・底板ともスギのフローリング材などを使ってもよいが、不揃いな廃材がいい味を出している。

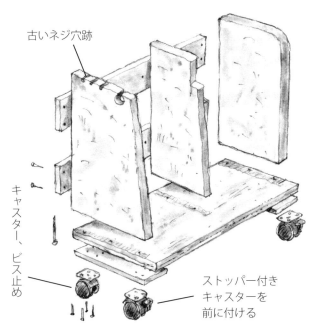

変色したラワン材もヨキでハツれば真新しい木肌が現われる

Point

側板・仕切り板は不揃いでも高さだけは統一しないと、ガタついて底板からのビスが打ちにくいので注意。背板は切り欠きをつくらず下穴を開けてビスを打つ。背板で縦板の直角を修正しながら固める。

キャスター付き本箱／図面

正面図

側面図

A-A'断面図

iroridanro.net/?p=680

作例2　書見台・電磁波よけ・定規掛け

　仕事用PCの周囲に置く小物類である。書見台は、資料本を参照してパソコンにテキスト化するとき、本を開いたまま固定できるもの。角材に真鍮の針金を刺した簡単なものだが、あると便利である。電磁波よけはスギ材でつくった約10㎝立方の小箱で、中に備長炭の粉を充填し、上部に2㎜のスリットを開けている。これをパソコン前に二つ置く。もう一つは定規掛け。トチノキ一枚板の最後の端切れブロックを台にしてスギ棒を立ち上げ、そこにビスを1本打って定規を掛ける。いずれもオブジェのようでいて傍らにあるだけで楽しい。

オブジェとして

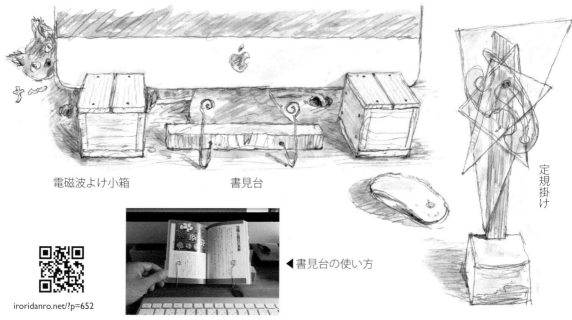

電磁波よけ小箱　　　書見台　　　　　　　　　　　定規掛け

◀書見台の使い方

iroridanro.net/?p=652

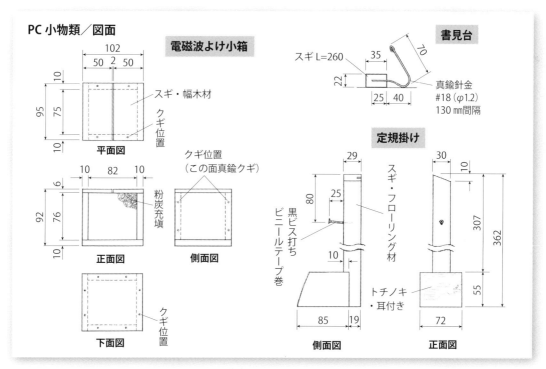

PC小物類／図面

電磁波よけ小箱／書見台／定規掛け

5章　国産材でつくる木工の実際　129

作例3 トイレットペーパー・ホルダー

　トイレにあるトチノキのカウンター下部に取り付けた、すべて木製のトイレットペーパー・ホルダーである。わが家は「国産材で建てた」とはいいながら、実は構造補助材には外材も使われているのだが、それは人工乾燥のスギ材は強度が弱く、構造部に細い角材などが使えないからで、むしろ工務店の良心で使っているのである。しかし、外材の中でもベイマツとベイヒバは視覚的にも（木目と色彩が）面白い。また天板用の集成材を購入した際にサンプルでいただいたブラックウォールナットは独特の色味をもった木材だ。スギとこれら三つの外材を組み合わせてトイレットペーパー・ホルダーをつくってみた。

iroridanro.net/?p=4434

わが家にストックされた材のうち、もっとも白いベイヒバを軸に、茶褐色のブラックウォールナットをピンに使って色味を際立たせた

木栓を使って

▼削り出しと接合部

背面

図中ラベル:
- 「鳥獣戯画」の豆本
- トチノキ一枚板カウンターテーブル
- ベイマツ垂木材
- スギ板
- ブラックウォールナットの木栓
- ベイヒバ
- ベイヒバ（削り出し）
- ミシン目の入ったトイレットペーパーを使用

Point

国産材にこだわるならベイマツはスギに（あるいはクリ材でも）、ベイヒバはヒノキを使うとよい。またスギの黒芯材やクロガキ（黒柿）があれば、ブラックウォールナットを使わずにすむ。木栓は「埋め木錐」でつくると早い。丸棒はノコ目を入れてからナタと小刀で削り出す。削り跡を残したほうが味わいがある。

ペーパーホルダー／図面

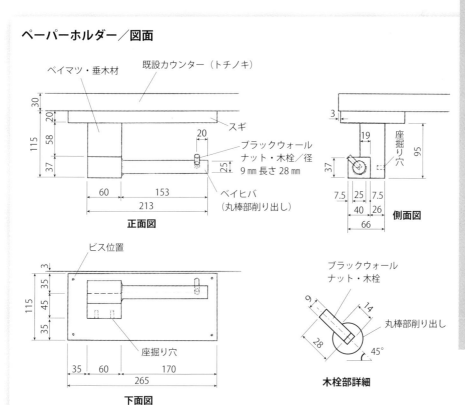

図面ラベル:
- ベイマツ・垂木材
- 既設カウンター（トチノキ）
- スギ
- ブラックウォールナット・木栓／径9mm 長さ28mm
- ベイヒバ（丸棒部削り出し）
- 正面図
- ビス位置
- 座掘り穴
- 下面図
- 側面図
- ブラックウォールナット・木栓
- 丸棒部削り出し
- 木栓部詳細

5章　国産材でつくる木工の実際　131

作例4 スギでつくる背負い子

　日本に古来からある物を背負って運ぶためのフレームである。田舎暮らしでは一つもっておくと何かと便利である。私は囲炉裏暖炉の燃料に、山で採取した枯れ枝を運ぶために自作した。

　スギの角材をカンナで25×35mmの断面に揃え、これを3分（約9mm）のホゾで組む。2本の縦棒は梯子のように平行ではなくて内側に少し傾ける。そのほうが背負って安定するし、使いやすい。ホゾのころび（傾き）の墨付けは、実物大の紙型をつくって材に転写する。背当てにはシュロ縄を巻き、肩ひもは、麻縄に裂き布を折り込んで肩当てをつくり、綿ロープと緊結して縦木に結ぶ。最後に荷ひもを取り付ける。荷ひもは綿の「金剛打」6mmが使いやすい。

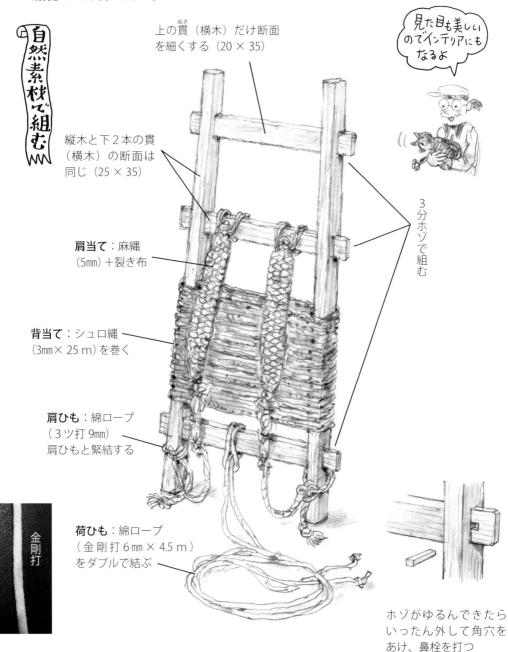

上の貫（横木）だけ断面を細くする（20×35）

縦木と下2本の貫（横木）の断面は同じ（25×35）

肩当て：麻縄（5mm）＋裂き布

背当て：シュロ縄（3mm×25m）を巻く

肩ひも：綿ロープ（3ツ打9mm）肩ひもと緊結する

荷ひも：綿ロープ（金剛打6mm×4.5m）をダブルで結ぶ

自然素材で組む

見た目も美しいのでインテリアにもなるよ

3分ホゾで組む

綿ロープの種類（編み方）▼
金剛打
3ツ打

ホゾがゆるんできたらいったん外して角穴をあけ、鼻栓を打つ

背負い子／図面

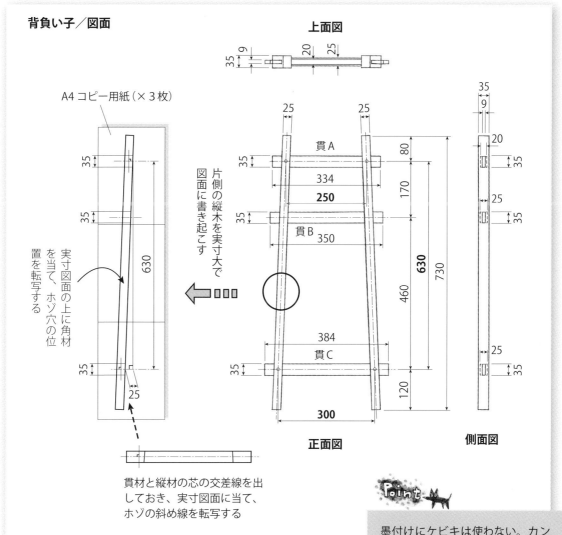

実寸図面の上に角材を当て、ホゾ穴の位置を転写する

片側の縦木を実寸大で図面に書き起こす

貫材と縦材の芯の交差線を出しておき、実寸図面に当て、ホゾの斜め線を転写する

▶ ホゾの墨付けは芯から振り分ける

ノミを使う前にドリルで穴をあけておく

完成したホゾとホゾ穴

iroridanro.net/?p=42567

Point

墨付けにケビキは使わない。カンナで薄くしたときの誤差があるので側面を基準にすると狂う。だからホゾ・ホゾ穴とも芯（センターライン）から振り分ける。10mmで墨付けし6mm径のドリルで上下から穴をあけ、ノミで削り出す。どちらも10mmでつくっているので最初は入らない。ホゾを削りながらキツキツに入るまで調整するとちょうど3分（9mm）くらいになる。ホゾ穴は上下にキツいのはいいが、左右がキツいと縦木が割れるので注意。部材に（前・上）と印をつけておき、当て木をして叩いて入れていく。

5章　国産材でつくる木工の実際　133

肩ひもをつくる

1 木綿のボロ布を用意する。これは外カーテンに使ったインド綿

2 7cmの幅で裂き、縦巻きにひもをつくる

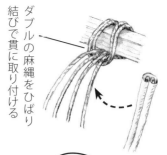

裂き目を内側に折ってひも状にする

ダブルの麻縄をひばり結びで貫に取り付ける

付け根は最後に真鍮針金を巻いて補強しておく

3 麻縄の1本に裂き布のひもを結び、交互に織り込んでいく

4 途中で裂き布を数cm重ねて継ぎ足しながら織る

5 一列ごとに編んだ部分を上に詰めて隙間ができないように

iroridanro.net/?p=24715

真鍮の針金

6 末端を針金で止め、残った麻縄を四つ編みにする

7 別の綿ロープ(3ツ打9mm)を編み込む

8 綿ロープの先端をセロテープで巻いて尖らしておくと穴に刺しやすい

9 上まで編んだら麻縄を締め上げる

Point

針金はペンチでいったん引っ張ってからねじる(そうしないと切れる)。末端は曲げて、ロープの中に刺して隠す

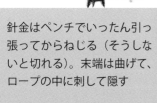

10 上下と真ん中を針金で締めて止める

作例5 臼をつくる

　餅を搗くための臼は、関東以北ではケヤキで、より寒い地方ではミネバリでつくる。関西ではいいケヤキが少ないために石臼を使うところが多い。ケヤキやミネバリの丸太を得たら、できれば乾燥前に穴を粗彫りしておくほうがよい。乾いてからだとチェーンソーを入れようにも跳ね返ってしまい、インパクトドライバーでも刃が立たない。その場合、手動の「くりこぎ」を使ってガイド穴をあけ、チェーンソーで粗彫りをする。あとは「臼くりチョウナ」と「四方反りガンナ」で仕上げることができる。

iroridanro.net/?p=10969

特殊な道具で

1　白太の部分をヨキで削り落す
　白太には虫食いの穴がある

2　チョークで輪郭をとり、くりこぎで穴をあける。その穴をガイドに、チェーンソーで溝を彫る
　くりこぎ（手動ドリル）

3　チェーンソーで溝を十字に入れ、ヨキで粗ハツリする

4　臼くりチョウナで彫っていく

5　四方反りガンナで仕上げる
　みかん彫り
　理想的にはみかんの形に彫ると餅が飛び出さず、搗きやすい
　切り欠いて持ち手をつくる

Point
臼は上から刃を入れると逆目になるので丸ノミは使えない。だから臼くりチョウナなどの特殊な道具が要る

5章　国産材でつくる木工の実際

石臼の仮台座

石臼の場合は一般に専用の台座に載せる。ヒノキやアカマツを小ゾ組みし、ボルトなどの金物で補強したものが多い（右図）。新居で餅を搗きたくて石臼を手に入れたのだが、台座づくりが間に合わず、スギの角材で井桁を組み、その上に石臼を載せてから、テコで木を挟みながら高さを上げていき、最後はインパクトドライバーでビスを仮止めして台座をつくった。搗き終わった後は、ネジを抜いて解体することができ、これはこれで便利なものだった。

1 45×105mm断面の間柱材をビスで2枚重ねにして太い角材をつくる

2 電動ノコギリで切れ目を多数入れ、ノミで切り欠く

3 それを同寸で4カ所ずつつくり、井桁を組む

4 石臼を転がしながら台座の上に

5 テコを使って角材を台座の下に挟み込んでいく

6 高くなったらカージャッキを使ってさらに木を挟み、適当な高さまでかさ上げしていく

7 長ビスを斜め打ち（仮止め）して角材を固定する

完成！

iroridanro.net/?p=1522

もちを搗き終わったらビスを抜いて解体してもよい

作例6 杵をつくる

道具を駆使して

　杵の材はリョウブ、ミネバリ、ヤシャブシなどの堅く粘りのある材がいいが、ヒノキでもつくれる。丸太の割れが少ない部分を選んで、クサビで外側を割りながら整形していき、ヨキでハツリを入れていく。仕上げはカンナをかけ曲面とテーパーを出す。ここで正確に両端を直角に切って寸を決め、角を小刀で面取りする。

　一方の柄は、農具用のカシ材のものを用意しておき（ホームセンターで販売している）、そのサイズに合わせて杵の頭のほうに印を付け、インパクトドライバーで穴あけしたあと、ノミで四角く抜いていく。持ち手となる棒の楕円のほうから入れて、先端でギチっと納まるように微調整する。

1 丸太から節と割れの少ないものを選んでやや長めに玉切りする

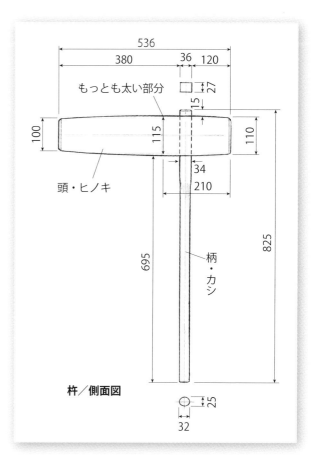

杵／側面図

2 クサビで周囲を割っていく。割れの部分を取り去るように

3 ヨキでハツって整形する

4 逆目に注意しながらカンナで仕上げていく

5 特殊な道具でなくふつうの平ガンナでここまで整形できる。サンドペーパーも必要ない

5章　国産材でつくる木工の実際　137

7 正確に手ノコで切り、小刀で面取りする

8 柄は唐グワの外れた古物があったのでそれを再利用。差し込む位置を決めて墨付け

6 寸法通りに両端を切る。A4の紙を2枚つなげて巻くとその先端はほぼ直角になるので鉛筆でトレース

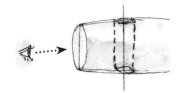

木口に芯を通る線を引き、それを基準に柄を通す上下の穴の芯を出す

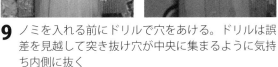

上側　　裏側

9 ノミを入れる前にドリルで穴をあける。ドリルは誤差を見越して突き抜け穴が中央に集まるように気持ち内側に抜く

（わかりやすいように極端に描いています）

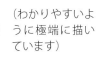

柄は持ち手の楕円のほうから入れて、先端でギチっと納まるように、互いのテーパーを微妙に調整しながら削っていく（叩き込んで外してみるとキツいところは跡がついてわかる）

10 背負い子の項でも書いたが、穴は写真の縦軸方向にキツくする。円周側にキツいとクサビ割りと同じで頭が割れるので注意

柄のテーパーはこの2面だけにつける

上穴も下穴も横幅は同じにつくる

（上）
（下）

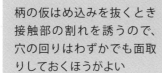

ヒノキの
ハツりやカンナくず
の香りでくらくら….

柄の仮はめ込みを抜くとき接触部の割れを誘うので、穴の回りはわずかでも面取りしておくほうがよい

キツくなる部分を面取りしておく

11 柄の先端の太い部分でギチッと納まるまで調整をくり返し、最後は金づちで打ち込む

12 柄の出を15mmほど残してカット、面取りをしておく

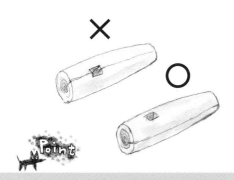

芯持ち材だとどうしても割れが入るが、割れや割れの兆候に対して直角に穴を抜くようにつくる

iroridanro.net/?p=1832

害りｰハツリを覚えると仕事が早いですよ♪

完成！

5章　国産材でつくる木工の実際

著者 大内正伸 の「木工」プロフィール
Masanobu Ohuchi

1959年茨城水戸市生まれ。イラストレーター、著作家。子どもの頃から絵だけでなく立体も大好きで、粘土・プラモデル・木彫・木版画などに嬉々として取り組んでいた。東京の森林ボランティア時代には絵入りの刻字看板をいくつか制作する。

2002年、初めての個展でスギ材の「ナタ割り額」を発案し、絵画の額装に使う。

2004年から群馬藤岡市で山暮らしを始め、必要に迫られ木工に取り組む。自ら伐採した間伐丸太をクサビで割り、ヨキで板をハツり、道具や家具類をつくった。

2009年、同桐生市時代にさらに本格的になり、古民家改装や囲炉裏の新設をする。

2010～2013年、DIY雑誌『ドゥーパ！』（学研プラス）に「続々・田舎暮らしのDIY術・山里生活編」を連載。

2011年、香川高松市に転居後、京都を中心に西日本を旅して工芸、建築を学ぶ。

2014年から始まった自邸アトリエの新築工事では、山から運んだヒノキ丸太に刻みを入れ、主要構造材に挿入した。「囲炉裏暖炉」を設計し、工事に参加。

2015年春のアトリエ竣工と同時にインパクトドライバーを購入し、工事の残材（主にスギ・ヒノキ材）を用いた家具作りを開始、現在も進行中である。

☆

著書に『図解 これならできる山づくり』（共著）『山で暮らす 愉しみと基本の技術』『「植えない」森づくり』『囲炉裏と薪火暮らしの本』『「囲炉裏暖炉」のある家づくり』（以上、農文協）、『楽しい山里暮らし実践術』（学研プラス）他。山暮らしの技術書は海外出版訳がある。

ブログ「囲炉裏暖炉のある家」：iroridanro.net

国産材でつくる インパクトドライバー木工
—— 木材・道具の基礎から家具づくりまで

2018年3月25日 第1刷発行

著者◉大内正伸

発行所◉一般社団法人 農山漁村文化協会

〒107-8668 東京都港区赤坂7-6-1
電話 03（3585）1141（営業） 03（3585）1147（編集）
FAX 03（3585）3668　振替 00120-3-144478
URL http://www.ruralnet.or.jp/

ISBN978-4-540-17110-9　　DTP制作◉Tortoise＋Lotus studio
〈検印廃止〉　　　　　　　　印刷◉（株）光陽メディア
©大内正伸 2018 Printed in Japan　　製本◉根本製本（株）

定価はカバーに表示。乱丁・落丁本はお取り替えいたします。
内容・イラスト・図版・写真の無許可による複製・転載はかたくお断りします。